Besser in Deutsch

Texte verfassen

Renate Hußing-Weitz
Gerd Brenner

Besser in Deutsch

Texte verfassen Oberstufe

Cornelsen
SCRIPTOR

Dr. Gerd Brenner ist Deutschlehrer an einem Gymnasium und Verfasser zahlreicher Unterrichtswerke, Fachbücher und Lernhilfen.
Renate Hußing-Weitz unterrichtet Deutsch an einem Kolleg.

www.cornelsen.de

Bibliografische Information: Die Deutsche Bibliothek verzeichnet diese Publikation in der Deutschen Nationalbibliografie; detaillierte bibliografische Daten sind im Internet über **http://dnb.ddb.de** abrufbar.

Dieses Werk berücksichtigt die Regeln der deutschen Rechtschreibung, die seit August 2006 gelten.

8.	7.	6.	5.	4.	Die letzten Ziffern bezeichnen
11	10	09	08	07	Zahl und Jahr der Auflage.

Redaktion: Marion Clausen, Göttingen
Herstellung: Uwe Pahnke, Berlin
Umschlagentwurf: Bauer + Möhring, Berlin
Gesamtgestaltung: Dagmar & Torsten Lemme, Carola Fuchs, Berlin
Illustrationen: Christine Georg, Dortmund
Druck und Bindearbeiten: Tesinska Tiskarna, Cesky Tesin
Printed in the Czech Republic
ISBN 978-3-589-22393-0

Gedruckt auf säurefreiem Papier,
umweltschonend hergestellt aus chlorfrei gebleichten Faserstoffen.

Inhalt

Wie Ihnen dieses Buch helfen kann

Wenn Sie beim **Schreiben von Texten** auf einen grünen Zweig kommen wollen, müssen Sie nicht nur sachkundig sein, Sie müssen auch über bestimmte Grundfertigkeiten des Schreibens verfügen.

I. Sie sollten den **Stoff,** der Gegenstand z. B. einer schriftlichen Klausur sein wird, gründlich durcharbeiten. Dabei geht es nicht nur um **Faktenkenntnisse,** sondern auch um wichtige **Fachbegriffe.**
Auf diese immer wieder neuen und immer wieder anderen Inhalte, auf Faktenzusammenhänge und Fachbegriffe, kann dieses Buch nicht eingehen. Wir können Ihnen nur den Tipp geben, über die Faktenaneignung hinaus die Terminologie des Sachgebietes, das zu bearbeiten ist, noch einmal genau zu klären und die Anwendung der Fachbegriffe zu üben. Damit erhalten Sie wichtige begriffliche Instrumente zur Erschließung von Sachgebieten und Texten.

II. Sie sollten über bestimmte **Grundfertigkeiten beim Abfassen von Texten** verfügen, die von Lehrern und Lehrerinnen immer wieder erwartet werden. Sie sollten z.B. Ihre eigenen Texte sinnvoll aufbauen und Textteile logisch-schlüssig miteinander verknüpfen können, einige für Klausuren typische Klippen der Grammatik und Stilistik kennen, die wichtigsten Regeln der Zeichensetzung beherrschen, korrekt zitieren können etc. Schließlich sollten Sie in effektiver Weise **eigene Texte korrigieren können,** bevor der Rotstift des Lehrers oder der Lehrerin zum Zuge kommt.

In diesem zweiten Bereich bietet dieses Buch eine Fülle von Lernmöglichkeiten und Tipps.
Unterschätzen Sie nicht die Bedeutung der Grundfertigkeiten! Viele Lehrerinnen und Lehrer sind durch gehäufte Mängel in diesem Bereich so voreingenommen, dass Ihr Text selbst beim Nachweis eines guten Faktenwissens und bei guter analytischer Leistung nicht mehr befriedigend genannt wird. Die vielen kleinen und großen Fehlleistungen im Bereich der Grundfertigkeiten beeinträchtigen das Gesamtbild Ihres Textes erheblich.
Wenn Sie hier mit Übungen ansetzen, können Sie sicher sein, dass Sie nicht nur für eine einzige Klausur arbeiten. Der **Lerneffekt** wird Ihnen vielmehr **auf Dauer** zugute kommen. Immerhin werden die Grundfertigkeiten beim Schreiben von Texten

- in allen **Klausuren** (nicht nur im Fach Deutsch),
- in **Facharbeiten** und
- im **Abitur**

verlangt, außerdem in Hausaufgaben und schließlich auch in Alltagstexten.

Sie können dieses Übungsbuch also auch sinnvoll nutzen, wenn Sie

- im **Berufsleben** Texte schreiben müssen,
- **Vorträge und Referate** gestalten wollen,
- sich in der Klasse 10 der Realschule oder der Hauptschule **für den Übergang aufs Gymnasium vorbereiten** wollen,
- für einen Verein, eine Bürgerinitiative etc. **Öffentlichkeitsarbeit** betreiben.

Wie können Sie mit dem Buch arbeiten?
Das Buch ist so angelegt, dass Sie zunächst Ihre **auffälligsten Schwachstellen** selbstständig finden und diese dann gezielt bearbeiten können. Sicherlich ist es lohnend, anschließend weitere Bereiche durchzuarbeiten, in denen Sie nicht ganz sattelfest sind.
Vergleichen Sie Ihre Lösung nach Bearbeitung einer Übung mit dem Lösungsheft; alle Übungen sind durchnummeriert und mit einem Stiftsymbol versehen.

Wir wünschen Ihnen viel Erfolg.

Gerd Brenner
Renate Hußing-Weitz

1. Was mache ich falsch? – Übungsbedarf feststellen

1.1 Fehlerquellen erkennen

Wenn Sie im Alter von 16, 17, 18 Jahren oder als Erwachsener Defizite im Bereich der Grundfertigkeiten des Schreibens haben, dann liegen die Ursachen oft viele Jahre zurück. Diese Defizite werden Ihnen nun zwar persönlich angelastet, aber ganz fair ist diese Schuldzuweisung meist nicht; denn oft werden solche Grundfertigkeiten von Lehrern einfach vorausgesetzt, ohne dass sie jemals gründlich im Unterricht erarbeitet worden wären.
Wenn Sie sich im Folgenden Grundfertigkeiten des Schreibens spät – aber nicht zu spät – aneignen, dann können Sie dies also durchaus mit gutem Gewissen tun: Vieles von dem, was Sie in diesem Buch finden, hat Ihnen bisher noch kein einziger Lehrer erklärt – weil jeder meint, ein anderer hätte es längst tun müssen.
Versetzen Sie sich noch einmal in die Zeit, als Sie in Klasse 7 waren! Spätestens in diesem Alter treten viele Schreibprobleme bereits offen zutage. Welche Grundfertigkeiten des Schreibens haben Sie damals gelernt? Sind Sie z. B. in der Lage, die folgenden Aufgaben zu lösen, die ein Lehrer nach der Korrektur einer Klassenarbeit für eine Klasse 7 zusammengestellt hat? Testen Sie sich!

Typische Fehler im Aufsatz der Klasse 7

Am Anfang des Aufsatzes setzen Schüler zu viele Informationen einfach voraus.

1 *Aufsätze werden für uninformierte Leser geschrieben. Der Lehrer muss sich bei der Korrektur in die Lage eines Lesers versetzen, der über den Text, der zu analysieren ist, nichts weiß.*

Beurteilen Sie unter dieser Voraussetzung die folgenden Aufsatzanfänge und notieren Sie für jedes Beispiel weitere Fragen, die ein uninformierter Leser stellen könnte. Was müsste ein solcher Leser zusätzlich erfahren, um den Sachverhalt wirklich verstehen zu können?

Beispiele für Aufsatzanfänge aus einer Klassenarbeiten über Gudrun Pausewang: Die letzten Kinder von Schewenborn (S. 90–92)

Beispiel I
Auf den Seiten 90 bis 92 des Buches „Die letzten Kinder von Schewenborn" von Gudrun Pausewang wird berichtet, dass viele Leute wegen der Hungersnot sterben. Es wird auch gesagt, wie der junge Dreesen sich umbringt, indem er mit seinem gepflegten Wagen in einen Trümmerhaufen fährt. Danach wird erzählt, wie die Mutter und der Vater sich streiten. Die Mutter will zurück nach Frankfurt, aber der Vater versucht sie zu überzeugen, dass Frankfurt „weg" ist.

Beispiel II

Das Buch „Die letzten Kinder von Schewenborn“, von Gudrun Pausewang, erzählt, wie ein junger Mann seine letzten Stunden als Autofan verbringt und die Leute ihm zusehen. Dass die Eltern sich streiten, ob sie nach Frankfurt zurückgehen sollen.

Beispiel III

In ihrem Buch „Die letzten Kinder von Schewenborn“ stellt die Autorin Gudrun Pausewang am Beispiel des hessischen Dorfes Schewenborn die katastrophalen Folgen eines Atomkrieges dar. Erzähler der Geschichte ist ein Junge. Auf den Seiten 90 bis 92 berichtet der Ich-Erzähler über einen lebensmüden jungen Mann namens Dreesen. Nachdem viele Einwohner des Ortes gestorben sind, fährt er in seinem Sportwagen mit einem letzten Rest Benzin durchs Dorf, wobei er sein Autoradio voll aufdreht. Schließlich rast er mit hoher Geschwindigkeit geradewegs in einen Schutthaufen und verbrennt mit seinem Wagen. Die wenigen Überlebenden des Ortes schauen zu. Nach diesem bewegenden Vorfall will die Mutter des jungen Erzählers zurück nach Frankfurt, wo die Familie vor Kriegsbeginn gewohnt hat. Der Vater jedoch ist dagegen, da der ganze hessische Raum verwüstet ist und somit auch in Frankfurt keine bessere Zukunft zu erwarten ist.

Beispiel I: Wieso gibt es die Hungersnot?

2 *Welche weiteren Fehler würden Sie in dem Beispiel II anstreichen? Markieren Sie die Fehler? Notieren Sie hier die Verbesserung.*

Bestimmte und unbestimmte Artikel werden falsch verwendet.

Bestimmte Artikel werden Sachverhalten zugeordnet, über die der Leser im Text bereits informiert worden ist oder über die er gerade informiert wird.
Wird ein Sachverhalt erstmals erwähnt, steht der **unbestimmte Artikel.**
Beispiel: „In ihrem Buch ... stellt **die** Autorin Gudrun Pausewang die katastrophalen Folgen **eines** Atomkrieges dar." (Beispiel III)

3 *Überprüfen Sie in den folgenden Beispielen I und II, ob bestimmte und unbestimmte Artikel korrekt verwendet worden sind! Schreiben Sie in Klammern (f) für „falsch" oder (r) für „richtig". Zur Erinnerung: Es handelt sich um Aufsatzanfänge.*

Beispiel I
Auf **den** ( ) Seiten 90 bis 92 des Buches „Die letzten Kinder von Schewenborn" von Gudrun Pausewang wird berichtet, dass viele Leute wegen **der** ( ) Hungersnot sterben. Es wird auch gesagt, wie **der** ( ) junge Dreesen sich umbringt, indem er mit seinem gepflegten Wagen in **einen** ( ) Trümmerhaufen fährt. Danach wird erzählt, wie **die** ( ) Mutter und **der** ( ) Vater sich streiten. Die Mutter will zurück nach Frankfurt, aber der Vater versucht sie zu überzeugen, dass Frankfurt „weg" ist.

Beispiel II
Das ( ) Buch „Die letzten Kinder von Schewenborn", von Gudrun Pausewang, erzählt, wie ein ( ) junger Mann seine letzten Stunden als Autofan verbringt und **die** ( ) Leute ihm zusehen. Außerdem wird berichtet, dass **die** ( ) Eltern sich streiten, ob sie nach Frankfurt zurückgehen sollen.

Kommas werden falsch gesetzt.

4 *Wo wurde in den folgenden Sätzen ein überflüssiges Komma gesetzt? (Durchstreichen!)*
Wo fehlt ein Komma? (Komma setzen!)
In welchen Sätzen ist die Zeichensetzung korrekt? (Machen Sie einen Haken!)

- ☐ a) Die Identifikation der Leser mit dem Erzähler ist stärker, als bei einer Erzählung aus der Er-Perspektive.
- ☐ b) Zu dieser Zeit haben einige Dorfbewohner die Nerven verloren zum Beispiel der junge Dreesen.
- ☐ c) Einige, z. B. der junge Dreesen verlieren ihre Nerven.
- ☐ d) Der Vater wirkt vernünftig, aber auch unsicher.
- ☐ e) Dreesen fuhr so schnell wie er konnte.
- ☐ f) Der Erzähler ist reifer, als Jungen in seinem Alter normalerweise sind.
- ☐ g) Das ist kein Zufall sondern ein bewusst herbeigeführtes Ereignis.

Vgl. Lösungsheft, S. 2! Wissen Sie, warum hier Kommas gesetzt bzw. nicht gesetzt werden müssen? Wenn nicht, sollten Sie das Übungsmaterial zur Kommasetzung auf S. 63 ff. nutzen.

Der Satzbau „verunglückt", die Grammatik ist fehlerhaft.

5 *Die folgenden Sätze enthalten Satzbau- und Grammatik-Fehler. Verbessern Sie sie. Machen Sie sich vorher klar, was falsch ist.*
Beachten Sie dabei besonders, dass Zitate und die dazugehörigen eigenen Gedanken immer einen vollständigen Satz ergeben sollten.

a) In dem Buch „Die letzten Kinder von Schewenborn" von Gudrun Pausewang handelt es sich um eine Familie, die auf dem Weg zu Verwandten sind, und auf der Fahrt eine Atombombe fällt.

____

____

____

____

____

b) Am Anfang auf Seite 90 überwiegt die Beschreibung z. B. „seinen blank gewienerten Wagen".

____

____

____

____

c) Aber an manchen Stellen wird auch berichtet z. B. S. 90 erster Absatz.

____

____

____

d) Doch auf S. 91 oben: „Er konnte sich an kein fahrendes Auto erinnern", werden die inneren Vorgänge von Jens deutlich.

____

____

____

____

____

____

____

Das Wort „wo“ wird falsch verwendet.

6 *Denken Sie sich Sätze aus, in denen das Wort „wo“ Ihrer Meinung nach berechtigt ist! Welche Aufgabe hat es in diesen Sätzen?*
Verbessern Sie diejenigen Sätze, in denen das Wort „wo“ Ihrer Meinung nach nicht verwendet werden kann.

a) Das Buch handelt von einer Familie, die in einer Zeit lebt, wo alles durch Atombomben verwüstet worden ist.

____

____

b) Das Haus, wo sie wohnen, gehört den Großeltern.

____

____

c) Sie wissen nicht genau, wo die Großeltern geblieben sind.

____

____

d) Die Stadt, wo er nach fragt, gibt es nicht mehr.

____

____

e) Die Leute, wo die Fremden sich nach erkundigen, sind in dem Dorf unbekannt.

____

____

f) Sie wissen nicht, wo sie Nahrung finden sollen.

____

____

Die bisherigen Übungen 1 bis 6 bezogen sich auf die Fehlerschwerpunkte in einer Klassenarbeit der 7. Klasse. Wenn Sie bei der Lösung Schwierigkeiten hatten, dann sollten Sie dieses Buch gründlich durcharbeiten, besonders aber die Seiten über

Zeichensetzung (S. 63 ff.),
Grammatik (S. 37 ff.),
Zitieren (S. 68 ff.),
Stil/Ausdruck (S. 22 ff.).

Haben Sie darüber hinaus weitere Schreibprobleme?

Fehlerhafte Sätze aus Klausuren

Die folgenden Sätze stammen aus Deutschklausuren und aus Abiturarbeiten. Testen Sie, ob Sie die Schwachstellen dieser Sätze finden. Versuchen Sie dann, bereits Verbesserungen vorzunehmen.

7 *Unterstreichen Sie zunächst diejenigen Satzelemente, die Ihrer Meinung nach eine Fehlleistung darstellen!*
Machen Sie für die angestrichenen Satzelemente dann je einen Verbesserungsvorschlag!

a) Obwohl das Stück in den 70er-Jahren entstanden ist, finde ich, dass es auch auf unsere heutige Gesellschaft zutreffend ist.

____

b) Wir bekamen von unserer Klassenlehrerin einen Anschiss, weil wir würden im Wald paramilitärische Übungen machen.

____

____

c) U. Hahn's Gedicht handelt von einer unerfüllten Liebe.

____

d) Die unglücklich verliebte Frau wird recht aggressiv dargestellt.

____

e) Das Gedicht bringt keine neuen Erkenntnisse, die demjenigen, der sich in einer ähnlichen Situation befindet, weiterhelfen könnte.

____

f) Bei dieser Szene handelt es sich um eine Szene aus dem vorderen Teil des Dramas.

____

____

Kontrollieren Sie die Lösungsvorschläge (S. 3 im Lösungsheft) erst dann, wenn Sie überall bessere Formulierungen notiert haben.

Die meisten Schwachstellen dieser Sätze werden Sie vermutlich auf Anhieb „intuitiv“ erfasst haben. Wenn Sie dann aber nicht in der Lage waren,

- die Ursachen für diese Fehlleistungen genauer zu erkennen und zu benennen sowie anschließend
- die meisten Fehler rasch zu verbessern,

dann sollten Sie dieses Buch gründlich durcharbeiten.

1.2 Den eigenen Schreibtyp bestimmen

Die bisherige Diagnose konzentrierte sich auf den Schreibprozess und die sich dabei ergebenden Fehler. Inzwischen weiß man jedoch, dass Sie bei der Arbeit bereits dann in Fallen laufen können, wenn noch gar nichts auf dem Papier steht. Oft entscheidet nämlich bereits die Schreib**planung** über Erfolg oder Misserfolg.

Welchem Schreibtyp ordnen Sie sich am ehesten zu?

Typ 1:
Bevor Sie mit dem Schreiben eines Textes anfangen, denken Sie lange nach: Sie machen sich ein paar Notizen und entwerfen eine Gliederung. Erst dann schreiben Sie ziemlich flüssig Ihren Text.

Typ 2:
Sie überlegen nicht lange, wie Sie Ihren Text gliedern sollen oder welche inhaltlichen Schwerpunkte Ihr Text haben soll. Sie legen mit dem Schreiben einfach los. Oft wird Ihnen erst während des Schreibens klar, was Sie ausdrücken wollen. Meistens kommt dabei ein ganz guter Text zustande.

Typ 3:
Aller Anfang ist schwer! Oft sitzen Sie etwas ratlos vor Ihrer Aufgabe und finden keinen sinnvollen Anfang. Haben Sie dann endlich die erste Seite geschrieben, stockt der Schreibfluss wieder, weil Ihnen immer neue Aspekte einfallen, die aber nicht so richtig zu den bereits geschriebenen Teilen des Textes passen.

Haben Sie sich Typ 1 zugeordnet, so beachten Sie schon einige wichtige Aspekte der Schreibplanung. Wenn Sie noch mehr über richtige Schreibplanung erfahren bzw. Ihre Schreibplanung bewusst perfektionieren wollen, wird Ihnen die Bearbeitung des Kapitels über die Schreibplanung ab S. 71 bestimmt einige Neuigkeiten vermitteln und Sie routinierter werden lassen.

Wenn Ihr Schreibtyp dem Typ 2 nahe kommt, so gehören Sie zu den Personen, die in der Regel ganz gut schreiben können, obwohl Sie die allgemein als bedeutsam erkannte bewusste Schreibplanung nicht durchführen. Solche Schreibtypen haben jedoch meist dann Schwierigkeiten, wenn sehr gut strukturierte Texte produziert werden sollen. Zudem finden diese Schreiber bei einer Schreibblockade kaum selbstständig Lösungsmöglichkeiten. Sie sollten deshalb auf jeden Fall die Hilfe zur Schreibplanung (s. S. 71 ff.) nutzen, um Ihr Schreibvermögen durch den Einbezug von Schreibplanungsregeln zu optimieren.

Wenn Typ 3 Ihrer Schreibhaltung entspricht, ist die systematische Durcharbeitung dieses Arbeitsbuches ein Muss für Sie. Denn hier finden Sie viele praktische Hilfen und Tipps, die Ihnen das planvolle Schreiben von Texten möglich machen.

1.3 Fehlerschwerpunkte systematisch erfassen

Die Übungen in den vorhergehenden Abschnitten haben Ihnen sicherlich einige Hinweise auf Ihre Schreibprobleme gegeben. Eine weitere Fundgrube zur Erfassung Ihrer **persönlichen Fehlerschwerpunkte** sind abgelegte Klausuren.

Klausuren auswerten

Konfrontieren Sie sich einmal offen und ehrlich mit den Defiziten, die Ihnen sicherlich schon öfters bescheinigt worden sind! Überwinden Sie den inneren Widerstand und holen Sie z. B. abgelegte Klausuren, deren Noten für Sie nicht zufriedenstellend waren, noch einmal hervor! Machen Sie dann mithilfe der nächsten Seiten eine möglichst gründliche Fehlerdiagnose! Es ist wie beim Arzt: Je sorgfältiger Sie **diagnostizieren,** desto wirkungsvoller wird die nachfolgende **„Therapie“** sein.

Tragen Sie auf S. 17 einzelne Elemente aus Notenbegründungen ein, die Sie in letzter Zeit unter Ihren Klausuren gefunden haben! Suchen Sie dabei nach möglichst konkreten Angaben! Oft finden sich diese nicht nur in der Notenbegründung, sondern auch an den Seitenrändern. Kreuzen Sie Fehlerbereiche an, wenn diese besonders häufig auftauchen!

Diagnose ____

____

____

____

____

____

____

____

____

Vielleicht können Sie Ihren Fachlehrer/Ihre Fachlehrerin bitten, die von Ihnen zusammengestellte Liste zu vervollständigen! Interessant ist für Sie sicher auch zu erfahren, wie stark die von Ihnen notierten Fehlerarten bei der Bewertung Ihrer letzten Klausuren ins Gewicht gefallen sind!

1.4 Einen persönlichen Arbeitsplan entwerfen

Die Fehler, die während des Schreibens unterlaufen, stehen oft in einem sehr komplexen Zusammenhang. Dennoch lassen sich verschiedene Fehlertypen unterscheiden. Auf diese einzelnen Fehlerarten beziehen sich die Lehrer-Anmerkungen und -Tipps, die Sie am Rand Ihrer Arbeiten und Klausuren finden.
Überlegen Sie, welche der folgenden Ratschläge auch für Ihre Klausuren zutreffen könnten! Kreuzen Sie die für Sie zutreffenden Tipps am Rand an (einfach, doppelt, dreifach)! Ziehen Sie bei Ihren Überlegungen immer wieder die Eintragungen Ihrer Diagnose (vgl. oben) zu Rate!
Neben den Anregungen zur „Verbesserung" finden Sie Verweise auf die Kapitel dieses Buches, in denen die angesprochenen Defizite schwerpunktmäßig behandelt werden.

Kapitel: Grundfertigkeiten beherrschen

Hier geht es um Ausdrucksfähigkeit, Stil, Grammatik, logische Verknüpfungen Ihrer Teilaussagen, Rechtschreibung, Zeichensetzung und das Zitieren.
Wenn Sie damit Probleme haben, finden Sie unter Ihren Arbeiten vielleicht die folgenden Tipps:

Sie können sich verbessern, indem Sie

- Sätze und Abschnitte durch passende Konjunktionen oder Adverbien logisch schlüssig miteinander verknüpfen (s. Kap. 2.3);
- Gedankensprünge vermeiden (s. Kap. 2.3);
- Sachverhalte mithilfe von Fachbegriffen, die im Unterricht erarbeitet wurden, präziser bezeichnen (s. Kap. 2.1);
- sich einige Grundfertigkeiten wie das Zitieren und Hinweisen auf Textstellen (Zeilen- und Seitenangaben) besser aneignen (s. Kap. 2.6);
- Stilbrüche vermeiden (s. Kap. 2.1);
- Ihr Ausdrucksvermögen verbessern und weniger „flüchtig" schreiben (s. Kap. 2.1);
- grammatisch korrekt schreiben (s. Kap. 2.2);
- die Anzahl der Zeichensetzungs- und Rechtschreibfehler reduzieren (s. Kap. 2.4 und 2.5);

Zum Interpretationsaufsatz

- die von Ihnen formulierten Interpretationsthesen gedanklich mehr ausschöpfen, sie durch Textbelege und Erläuterungen stärker untermauern und so detaillierte Textarbeit leisten (s. Kap. 2.6);
- ein Beschreibungsvokabular verwenden, das der Textgattung (Lyrik, Epik, Dramatik) gerecht wird (in einem Gedicht „lyrisches Ich" statt „Erzähler" oder „Strophe" statt „Abschnitt") (s. Kap. 2.1).

Kapitel: Planvoll schreiben

Hier erfahren Sie etwas darüber, wie man Textvorlagen effektiv durcharbeiten kann, wie man seine Schreibziele klärt und einen hilfreichen Schreibplan entwirft.
Wenn Sie damit Probleme haben, finden Sie unter Ihren Arbeiten vielleicht die folgenden Tipps:

Sie können sich verbessern, indem Sie

- den zu analysierenden Text nicht nur einmal, sondern mehrmals gründlich lesen, um Textmissverständnisse zu vermeiden (s. Kap. 3.1);
- unnötige Wiederholungen vermeiden, indem Sie Ihre Gedanken vor der Niederschrift ordnen (s. Kap. 3.3);

Zum Interpretationsaufsatz

- die Interpretation vielschichtiger anlegen (s. Kap. 3.3);
- einzelne Interpretationsideen nicht einfach nur „addieren", sondern eine interpretatorische Gesamtschau des Textes versuchen (s. Kap. 3.2);
- Textstellen, die zitiert werden, auch gründlich deuten, statt sie gedanklich nur locker mit angelernten Wissensbeständen in Verbindung zu bringen oder sie rasch mit anderen bekannten Texten zu parallelisieren (s. Kap. 3.3);

Zum Erörterungsaufsatz

- bei der Textwiedergabe stärker zwischen wichtigen und weniger wichtigen Aussagen unterscheiden und die inhaltlichen Schwerpunkte des Textes herausarbeiten (s. Kap. 3.1);

- abschweifende Äußerungen vermeiden, die zwar das aufgeworfene Thema betreffen, die jedoch ohne erkennbaren Textbezug sind (s. Kap. 3.2 und 3.3);
- in der kritischen Auseinandersetzung mit dem Text nicht irgendwelche beliebigen Stellen kommentieren, sondern sich mit den zentralen Thesen des Textes auseinandersetzen (s. Kap. 3.3).

Außerdem beschäftigen Sie sich mit dem Formulieren von Texteinleitungen, von „Gelenkstellen" im Text, mit der Frage, wie Sie zu einem abwechslungsreichen Ausdruck gelangen, sowie mit Methoden, eigene Gedanken deutlich von Äußerungen eines fremden Autors abzugrenzen.
Wenn Sie damit Probleme haben, finden Sie unter Ihren Arbeiten vielleicht die folgenden Tipps:

Sie können sich verbessern, indem Sie

- nicht einfach mitten in die Sache „hineinspringen", indem Sie am Anfang des Aufsatzes wichtige Informationen einfach voraussetzen, weil Sie davon ausgehen, dass der Lehrer/die Lehrerin es ja alles bereits weiß (s. Kap. 3.4);
- Einzelheiten der Textuntersuchung nicht einfach „addieren", sondern sie integrieren, also besser aufeinander abstimmen, indem gedankliche Zwischenglieder formuliert werden (s. Kap. 3.5);
- die Autorenschaft der mitgeteilten Meinungen (eigene Meinung? Meinung des Autors/der Autorin?) immer eindeutig erkennen lassen (s. Kap. 3.6);
- eigene Worte benutzen, um den vorgelegten Text gedanklich zu rekonstruieren (s. Kap. 3.6).

Kapitel: Texte überarbeiten

Hier erfahren Sie, wie Sie durch gezielte Überarbeitung Ihrer Texte – noch während der Klausur – Ihre Erfolgsaussichten beim Schreiben deutlich steigern können.

Kapitel: Spaß am Schreiben bekommen

Hier erhalten Sie Tipps, wie Sie das Schreiben lustvoll gestalten können; denn das Verfassen von Texten muss gar nicht immer als eine Last empfunden werden.

Nutzen Sie diese Seiten als Ihren persönlichen Arbeitsplan!
Sie können dieses Buch Seite für Seite durcharbeiten. Sie können sich aber auch zunächst diejenigen Bereiche vornehmen, die Sie zwei- oder dreifach markiert haben!
Wenden Sie sich danach anderen markierten Bereichen zu! Vielleicht finden Sie schließlich auch in denjenigen Kapiteln interessante und nützliche Hinweise, die Sie zunächst nicht für dringlich gehalten haben.

2. Was muss ich üben? – Grundfertigkeiten beherrschen

In Ihren Klausuren werden vermutlich auch viele Fehler angestrichen, die in letzter Zeit gar nicht Gegenstand gezielter unterrichtlicher Übungen gewesen sind. Manche dieser Fehlerquellen sind vielleicht in Ihrer gesamten Schullaufbahn noch nie ausführlich besprochen worden. Trotzdem beeinflussen solche Fehler – zumal dann, wenn sie gehäuft auftreten – manchmal recht stark das Beurteilungsverhalten des Lehrers, zum Teil unbewusst. Bei der Benotung Ihrer Arbeiten kommt es also nicht nur auf die von Ihnen erarbeiteten inhaltlichen Aussagen an; sehr wichtig ist auch, dass **sprachlich alles korrekt** ist. Zu diesem Bereich erhalten Sie auf den folgenden Seiten wichtige Hinweise.
Die Übungen sollen Ihre Sensibilität für mögliche Fehlerbereiche stärken. Nur so können Sie sich gegen solche Fehler „immunisieren". Zugleich erhalten Sie wichtige Tipps zur Vermeidung typischer Fehler.
Die folgenden Übungen beziehen sich auf die Kurzgeschichte „Känsterle" von Rainer Brambach. Diese interessante Geschichte sollten Sie zunächst lesen, bevor Sie weiterarbeiten. Gönnen Sie sich diesen Lesespaß, bei dem Ihnen freilich gegen Ende das Lachen im Hals stecken bleiben dürfte!

Rainer Brambach: **Känsterle** (1972)

Wallfried Känsterle, der einfache Schlosser, sitzt nach Feierabend vor dem Fernsehschirm. Wo denn sonst? – Tagesschau, Wetterkarte; die Meisterschaft der Gewichtheber interessiert Känsterle.

„Mach den Ton leiser, die Buben schlafen!", ruft Rosa, die in der Küche Geschirr spült und nun hereinkommt.

Känsterle gehorcht.

„Es ist kalt draußen", plaudert sie, „wie gut, dass wir Winterfenster haben. Nur frisch anstreichen sollte man sie wieder einmal. Wallfried, im Frühjahr musst du unbedingt die Winterfenster streichen. Und kitten muss man sie! Überall bröckelt der Kitt. Niemand im Haus hat so schäbige Winterfenster wie wir! Ich ärgere mich jedes Mal, wenn ich die Winterfenster putze. Hast du gehört?"

„Ja, ja", sagt Känsterle abwesend.

„Was macht denn der da?", fragt Rosa und deutet auf den Fernsehschirm. „Der könnte seine Kraft auch für was Besseres gebrauchen! Stell das doch ab, ich hab mit dir zu reden!"

„Gleich, gleich!", sagt Känsterle und beugt sich etwas näher zum Schirm.

„Herr Hansmann im Parterre hat im letzten Sommer seine Winterfenster neu gekittet und gestrichen, obwohl es gar nicht nötig war. Nimm dir mal ein Beispiel an Herrn Hansmann! Seine ganzen Ferien hat er drangegeben. So ein ordentlicher Mann … Übermorgen ist Sankt Nikolaus. Erinnerst du dich an Herrn Weckhammer? Ich hab heut im Konsum seine Frau getroffen, ganz in Schwarz. Der alte Weckhammer ist umgefallen, beim Treppensteigen, Herzschlag."

Känsterle drückt auf die Taste ‚Aus'.

„Ein Trost", fängt Rosa wieder an, „dass die Weckhammerschen Kinder aus dem Gröbsten raus sind. Die Witwe fragt, ob wir den Nikolaus gebrauchen könnten. Eine Kutte mit Kaninchenfell am Kragen, schöner weißer Bart, Stiefel, Sack und Krummstab, alles gut erhalten. Nur vierzig Mark will sie dafür, hat sie gesagt. Mein Mann wird kommen und ihn holen, hab ich da gesagt. Nicht wahr, Wallfried, du wirst Paul und Konradle die Freude machen?"

Känsterle schaut auf die matte Scheibe.

„Wallfried!", ruft Rosa.

„Aber Rosa", murmelt Känsterle hilflos, „du weißt doch, dass ich nicht zu so was tauge. Was soll ich denn den Buben sagen? Ein Nikolaus muss ein geübter Redner sein! Muss gut und viel sprechen ..."

Rosa glättet mit der Hand das Tischtuch und schüttelt den Kopf, wobei der Haarknoten trotz des Kamms, der ihn wie ein braunes Gebiss festhält, eigensinnig wackelt.

„Vermaledeiter Stockfisch", zischt sie. „Nicht einmal den eignen Buben willst du diese Freude machen! Dabei hab ich schon im Konsum Nüsse, Datteln, Feigen, ein paar Apfelsinen und alles eingekauft!"

Känsterles Gesicht verdüstert sich. Er denkt an das schwere, ihm aufgezwungene Amt.

Eine verstaubte Glühbirne wirft trübes Licht. Känsterle steht auf dem Dachboden; er verwandelt sich zögernd in einen Weihnachtsmann. Die Kutte, die den Hundertkilomann Weckhammer einst so prächtig gekleidet hat, ist dem gedrungenen Känsterle viel zu geräumig. Er klebt den Bart an die Ohren. Sein Blick streift die Stiefel und dabei versucht er sich an die Füße Weckhammers zu erinnern. Er zerknüllt ein paar Zeitungen und stopft sie in die steinharten Bottiche. Obwohl er zwei Paar grobwollene Socken anhat, findet er noch immer keinen rechten Halt. Er zieht die Kapuze über den Kopf, schwingt den vollen Sack über die Schulter und ergreift den Krummstab.

Der Abstieg beginnt. Langsam rutscht ihm die Kapuze über die Stirn und Augen; der Bart verschiebt sich nach oben und kitzelt seine Nase. Känsterle sucht mit dem linken Fuß die nächste Treppenstufe und tritt auf den Kuttensaum. Er beugt den Oberkörper vor und will den rechten Fuß vorsetzen; dabei rollt der schwere Sack von der Schulter nach vorn, Mann und Sack rumpeln in die Tiefe.

Ein dumpfer Schlag

In Känsterles Ohren trillert's.

Ein Gipsfladen fällt von der Wand.

„Oh! Jetzt hat sicher der Nikolaus angeklopft!", tönt Rosas Stimme hinter der Tür. Sie öffnet und sagt: „Mein Gott … was machst du denn da am Boden? Zieh den Bart zurecht, die Kinder kommen!"

Känsterle zieht sich am Treppengeländer hoch, steht unsicher da. Dann holt er aus und versetzt Rosa eine Backpfeife. Rosa heult auf, taumelt zurück; Känsterle stampft ins Wohnzimmer, reißt Rosas Lieblingsstück, einen Porzellanpfauen, von der Kommode und schlägt ihm an der Kante den Kopf ab. Dann packt er den Geschirrschrank; er schüttelt ihn, bis die Scherben aus den Fächern hageln. Dann fliegt der Gummibaum samt Topf durch ein Fenster und ein Winterfenster; auf der Straße knallt es.

„Er schlachtet die Buben ab!", kreischt Rosa durchs Treppenhaus. Auf allen Stockwerken öffnen sich Türen. Ein wildes Gerenne nach oben. Man versammelt sich um Rosa, die verdattert an der Wand steht und in die offene Wohnung zeigt. Als Erster wagt sich Herr Hansmann in die Stube, betrachtet die Zerstörungen; ein Glitzern kommt in seine Augen und er sagt:

„Mein lieber Känsterle, ist das alles?“

Elend hockt der Weihnachtsmann im Sessel, während Paul und Konradle unter dem Sofa hervorkriechen.

Ein kalter Wind zieht durch die Stube.

2.1 Stil/Ausdruck

Wenn Sie am Seitenrand Ihrer Klausuren oft das Kürzel „A“ für „Ausdruck“ oder die Bemerkung „Stil“ vorfinden, dann sollten Sie dieses Kapitel durcharbeiten.
Sie können im Bereich „Ausdruck und Stil“ u. a. dadurch sicherer werden, dass Sie gezielt Texte der Sorte lesen, die in Klausuren verlangt werden (Interpretationen, erörternde Texte).

Lassen Sie sich von Lehrern/Lehrerinnen Texte angeben, die in Ausdruck und Stil besonders ausgefeilt sind! Arbeiten Sie diese durch! Schreiben Sie sich Formulierungen und Textelemente heraus, die Ihnen besonders gelungen erscheinen.
Besorgen Sie sich bei Mitschülern Ihres Kurses Kopien von Klausuren, die mit „gut“ oder „sehr gut“ bewertet worden sind, und verfahren Sie ebenso!

Redestil und Schreibstil

Machen Sie sich klar: In geschriebenen Texten muss man darauf achten, dass kein **Redestil** verwendet wird, sondern **Schreibstil.**
Ausnahmen von dieser Regel gibt es natürlich, wenn – in Kurzgeschichten oder anderswo – wörtliche Rede verwendet wird. Hier können die Autoren ihre Figuren so reden lassen, wie ihnen der Schnabel gewachsen ist. In Klausuren wird jedoch Schreibstil verlangt.

Lesen Sie die folgenden Sätze aufmerksam durch! Gehen Sie davon aus, dass diese Sätze Teile einer Klausur, also einer ***schriftlichen Arbeit,*** *sind und dass sie nicht aus einem Unterrichts**gespräch** stammen. Welche der in diesen Sätzen verwendeten Wörter finden Sie unter dieser Voraussetzung problematisch?*

8 *Unterstreichen Sie die Wörter, die Sie für unangemessen halten, und wählen Sie eine bessere Formulierung!*

a) Er kann einfach nicht aus seiner Haut raus.

____

b) Brambach beschreibt erst mal einen normalen Feierabend.

____

c) Es kommt zu einer gewalttätigen Auseinandersetzung zwischen den beiden Ehepartnern, wobei Wallfried ausrastet.

____

Stilarten

Wer in schriftlichen Arbeiten den Schreibstil verwendet und den Redestil vermeidet, der hat noch nicht alle Stilprobleme gelöst. Weitere sprachliche Differenzierungen müssen beherrscht werden.
Man kann u. a. folgende Stilarten unterscheiden (vgl. Schülerduden: Die richtige Wortwahl):

dichterisch (z. B. Lenz [Frühling], Odem [Atem], Himmelsleuchte): feierlich und bisweilen altertümlich wirkende, oft bildhafte Ausdrucksweise

bildungssprachlich (z. B. interpretieren, zitieren): gebildete, gewisse Kenntnisse voraussetzende Ausdrucksweise

gehoben (z. B. gesättigt sein, wandeln, jdm. etwas verhehlen): gepflegt wirkende, in Alltagsgesprächen gespreizt klingende Ausdrucksweise

amts- oder behördensprachlich (z. B. Verausgabung, Indienststellung): steif-offizielle und unpersönliche Ausdrucksweise

umgangssprachlich (z. B. motzen, etw. mit jemandem haben): gelockerte, in der mündlichen Rede verwendete Ausdrucksweise des Alltags

salopp (z. B. sich kloppen, sich keilen, Zaster, Schotter, Kröten): nicht in allen Alltagssituationen verwendbare, oft stark emotional gefärbte, oft metaphorische Ausdrucksweise

jargonhaft (z. B. supergeil): an eine bestimmte soziale oder berufliche Gruppe oder an eine Altersgruppe (Jugendsprache) gebundene, meist umgangssprachlich geprägte Ausdrucksweise

derb/vulgär (z. B. bescheißen, Visage, Pimmel): drastische, grobe Ausdrucksweise, die in großen Teilen einer Sprachgemeinschaft auf Ablehnung stößt

9 *Welche dieser Stilarten sollte man Ihrer Meinung nach in einem schriftlichen, für schulische Zusammenhänge verfassten Text (Interpretationsaufsatz etc.) nicht verwenden? Notieren Sie.*

10 *Ordnen Sie die folgenden Wörter je einer Stilart zu.*

stehen, klauen, mitgehen lassen, mopsen, abstauben, plagiieren (das geistige Eigentum eines anderen übernehmen), entwenden, lange Finger machen, krallen

Stilart:	Wort:

Kreuzen Sie nun diejenigen Bezeichnungen an, die Ihrer Meinung nach in einem Klausurtext verwendet werden können.

Verfahren Sie mit den folgenden Wortbeispielen ebenso:

schimpfen, motzen, schelten, keifen, jdn. zurechtweisen, jdn. anfahren

Stilart:	Wort:

11 *Suchen Sie für die unten angegebenen Wörter jeweils ein Ersatzwort aus dem Bereich des normalsprachlichen, bildungssprachlichen oder gehobenen Stils. Dabei können Sie den Schülerduden „Richtige Wortwahl“ verwenden.*

Lenz ______________________________

Verauslagung ______________________________

motzen ______________________________

Kröten ______________________________

sich kloppen ______________________________

supergeil ______________________________

bescheißen ______________________________

Mischmasch im Kopf (Kontaminationen)

Oft hat man beim Schreiben gleichzeitig zwei ähnliche sprachliche Wendungen im Kopf; besonders beim schnellen Schreiben geraten sie dann leicht durcheinander. Ein Beispiel:

Auf kurz oder lang musste sich die Lage ja zuspitzen.

Hier sind zwei Redewendungen unglücklich miteinander kombiniert worden: „über **kurz oder lang**“ und „**auf** die Dauer“.

12 *Suchen Sie in den folgenden Sätzen ähnliche Vermischungen von Redewendungen und geben Sie jeweils an, welche beiden Formulierungen dem Schreiber wohl durch den Kopf gegangen sind.*

a) Sie sind gegen die Schwarzen verhasst eingestellt.

____

____

b) Jemand, der zum ersten Mal ein solches Stück liest, wird es wohl langweilig finden. Dahingegen wird ein Leser, der im Umgang mit einem modernen Drama vertraut ist, dem Inhalt des Stückes mit Interesse folgen.

____

____

____

c) Heine ist ein Autor, der sich gegen die Romantik widersetzt.

____

____

Satzungeheuer (Überdehnung prädikativer Klammern)

13 a) Der Verfasser stellt die These, dass viele Schüler, die auf die Jugendsprache zurückgreifen, sich von den Lehrern abgrenzen wollen, auf.

Wodurch ist ein Verständnis dieses Satzes erschwert?
Verbessern Sie den Satz.

___

___

___

Formulieren Sie die folgenden Textbeispiele auf einem Blatt so um, dass die Informationsaufnahme erleichtert wird.

b) Frau Känsterle bedrängt ihren Mann. Ihre Bemerkung „Herr Hansmann im Parterre hat im letzten Sommer seine Winterfenster neu gekittet und gestrichen, obwohl es gar nicht nötig war. Nimm dir mal ein Beispiel an Herrn Hansmann! Seine ganzen Ferien hat er drangegeben. So ein ordentlicher Mann …" zeigt deutlich, dass sie mit ihrem Mann nicht zufrieden ist.

c) Dieses Verhalten lässt sich aufgrund der Tatsache, dass der Autor selbst einmal in der ehemaligen DDR gelebt hat und somit das System und die Einflüsse, die dieses auf die Literatur ausübte, unmittelbar erlebte, erklären.

Substantiv-Bandwürmer (Nominalstil)

„Der Kauf des Autos des Bruders erfolgte gestern." „Das Bild stammt von für den Frieden engagierten Jugendlichen."
Können Sie den Sinn dieser Sätze problemlos erfassen? Wahrscheinlich waren Sie etwas irritiert, und zwar im ersten Beispiel durch die Kette von drei Nomen, die durch den Genitivanschluss verbunden sind, im zweiten Beispiel durch die Kombination von zwei Präpositionen („von für") und die nachfolgenden Nomen.
Viele Schreiber neigen dazu, komplexe Gedanken nicht in eine Reihe von Sätzen aufzulösen, sondern diese in einen einzigen Satz zu zwängen. Dies führt dann oft zu einer längeren Kette von Substantiven und der dazugehörigen Verknüpfungs-„Akrobatik".
Dieser Nominalstil (Verdichtungsstil) ist typisch für das Verwaltungs- und Juristendeutsch; in anderen Bereichen gilt er als schlechter Stil, da das Verständnis oft erheblich erschwert ist.

14 *Lösen Sie die folgenden Nomen-Ketten auf, indem Sie den Satz in mehrere Sätze (Haupt- und Nebensatz, Hauptsatzreihen) umwandeln.*

a) In dem Artikel von G. Kunert geht es um die Frage der Rolle des Schriftstellers.

____

____

____

b) G. Kunert setzt sich im vorliegenden Text mit dem durch die in der ehemaligen DDR vollzogenen Umwälzungen entzündeten Literaturstreit auseinander.

____

____

____

c) Dort vermutet der Autor den Beginn der problematischen Entwicklung der Rolle des Schriftstellers in der Gesellschaft.

____

____

____

d) Diese Figur fungiert als Sprachrohr Schillers eigener philosophischer Vorstellung von Freiheit.

____

____

____

Die Kompositum-Falle

Betrachten Sie genau den folgenden Beispielsatz.

„Ihre ständige Kontaktsuche zu anderen Personen ist auffällig."
Das Problem liegt darin, dass das Substantiv „Suche" hier mit der Präposition „**zu**" verbunden wird. Eine solche Verbindung ist nicht möglich. Die Verbindung müsste lauten: „Suche **nach**".
Der Fehler entsteht dadurch

- dass die Wörter „Kontakt" und „Suche" zu einem zusammengesetzten Wort (Kompositum) verbunden werden und
- dass dann im Anschluss eine Präposition gewählt wird, die nur zum ersten Teilwort („Kontakt"), nicht aber zum zweiten Teilwort („Suche") passt.

In diesem Falle muss das Kompositum wieder in seine Bestandteile aufgelöst werden, damit jedes die ihm gemäße Präposition erhalten kann („Kontakt zu", „Suche nach").

15 *Wie müsste der Satz korrekt lauten? Notieren Sie.*

____

____

16 *Welche der folgenden Sätze müssen verbessert werden? Notieren Sie eine korrigierte Version.*

a) Die ARD hat Übertragungsrechte nach Deutschland erworben.
b) Die ARD hat Übertragungsrechte für die Olympiade erworben.

____

____

c) Hier steht ein Hinweisschild für Radfahrer.
d) An dieser Stelle steht ein Hinweisschild auf Wildwechsel.

____

____

e) Er sucht eine Mitfahrgelegenheit nach München.
f) Dort gibt es Mitfahrgelegenheiten für Studenten.

____

____

g) Man lernt dort die Interviewtechnik mit Politikern.
h) Man lernt dort die Interviewtechnik des geschickten Fragens.

____

____

Falsche Wortwahl

17 *In jedem der folgenden Sätze haben Deutschlehrer einen Fehler unterstrichen. Machen Sie sich die Fehler klar und verbessern Sie die betreffenden Textstellen.*

a) Es ist schade, dass ein eigentlich interessantes Thema so langweilig beschrieben wurde.

____

b) Den Schluss finde ich seltsam, denn er hört so plötzlich auf.

____

c) Die erschreckende Antwort der Mutter ist komisch, denn sie passt nicht zu ihren bisherigen Verhaltensweisen.

____

Definition von Komik: Eine zum Lachen reizende Ungereimtheit. Die komische Wirkung entsteht durch ein lächerliches Missverhältnis von Erstrebtem und Erreichtem, von Schein und Sein usw. Alltagssprachlich wird das Wort „komisch" oft falsch verwendet.

d) Das kommt dadurch, weil er nicht richtig mit der Frau kommuniziert.

____

e) Sie bejaht Frau Weckhammer, die Kostüme zu übernehmen.

____

f) Die Frau hält ihren Mann für weniger intelligent. Das merkt man daran, weil sie ihn nicht ausreden lässt.

____

g) Brambach hat eine Vielzahl dieses Stilmittels verwendet.

____

h) Das macht den Text übersichtlich und gut leserlich.

____

Gönnen Sie sich eine Erholung. Lesen Sie die beiden Gedichte auf der folgenden Seite. Viele Übungen nehmen auf sie Bezug. Die Gedichte sind in ihrer originalen Rechtschreibung und Zeichensetzung abgedruckt.

Heinrich Heine (1824)

Auf den Wällen Salamankas
Sind die Lüfte lind und labend;
Dort, mit meiner holden Donna,
Wandle ich am Sommerabend.

Um den schlanken Leib der Schönen
Hab' ich meinen Arm gebogen.
Und mit sel'gem Finger fühl' ich
Ihres Busens stolzes Wogen.

Doch ein ängstliches Geflüster
Zieht sich durch die Lindenbäume,
Und der dunkle Mühlbach unten
Murmelt böse, bange Träume.

„Ach, Sennora, Ahnung sagt mir:
Einst wird man mich relegieren,
Und auf Salamankas Wällen
Gehn wir nimmermehr spazieren."

Ulla Hahn
Ab Gesang (1981)

Ich halt dich nicht mehr
aus hau ab ins Grab
gewiß werd ich dir folgen
nie und nimmermehr
schick ich dem Ach ein
Weh noch hinterher.

Zieh deine Leine Liebster ein verdufte
wie eine Rose müde ist vom
Kosen hast du dich nie müd gemacht.
Ach wie gemalt in deinen Hosen
fiel ich auf dich
herein auf deinen Teppich
aus Worten fein gewirkt und
gewoben hast du mir manchen Tag
Traum hast du mir zerstört.

Ich halt dich nicht mehr
aus hau ab im Paradies
gewiß bist du gut aufgehoben.

18 *Unterstreichen Sie weitere Fehler und verbessern Sie.*

a) Die Zäsur unterteilt das Gedicht in zwei Sinnesabschnitte.

____

b) Der Inhalt des Gedichts umschreibt den Gemütszustand einer Frau.

____

c) Heinrich Heine sieht die Gefahr des Verlierens im bloßen Gefühl.

____

d) Die zweite und die vierte Zeile enden auf den Silben „-abend".

____

e) Der gesamte Textauszug findet in der Küche statt.

____

Variation des Ausdrucks bei „sagen"

Oft herrscht in Aufsätzen eine Monotonie des Ausdrucks. In Inhaltsangaben, in denen die Äußerungen anderer Autoren wiedergegeben werden sollen, fällt dies besonders auf. „Der Autor sagt … Der Autor sagt … Der Autor sagt auch …" heißt es dort immer wieder ganz eintönig. Ersatzformulierungen für das Wort „sagen" scheinen dem Schreiber nicht einzufallen.
Befreien Sie sich von dieser Monotonie. Machen Sie die folgende Übung.

Prüfen Sie von Ihnen geschriebene Texte, in denen Sie u. a. Äußerungen eines Autors/einer Autorin wiedergeben sollten. Wie oft haben Sie das Wort „sagen" verwendet? Und wie viele der auf der nächsten Seite angegebenen 40 Ersatzwörter für „sagen" kommen in Ihrem Text vor?

Anzahl von „sagen": ______________

Anzahl von Ersatzformulierungen: ______________

Schreiben Sie überall da, wo Sie „sagen" verwendet haben, eine besonders gut passende Ersatzformulierung in Ihre Texte.

sagen •
antworten • erwidern • entgegnen
mitteilen • feststellen • erklären • einfließen lassen • zu verstehen geben • andeuten • zu bedenken geben • klarmachen • darstellen • ausführen • darauf hinweisen • darauf aufmerksam machen, dass … • die These vertreten, dass … • argumentieren • davon ausgehen, dass … • sich darauf festlegen, dass … • meinen, dass … • die Meinung vertreten, dass … • der Ansicht sein, dass … • bekennen • zugeben • zu erkennen geben • das Beispiel des … anführen •
behaupten • die Behauptung aufstellen, dass … •
versichern •
berichten • schildern • erzählen • erläutern •
bekannt geben • verkünden •
fragen • wissen wollen •
auffordern • bitten • flehen • klagen

Legen Sie diese Liste beim Schreiben von Textwiedergaben demnächst neben Ihr Heft bzw. Ihren Schreibblock.

Orientierungshilfen zur Unterscheidung von Begriffen

Der Begriff bezieht sich auf: Zustand im Raum (Gegenstands-, Bildbeschreibung) oder auf sich wiederholende Abläufe (Versuchsbeschreibung).	→ **Beschreibung**	oder	**Schilderung**
	oder		oder
Der Begriff bezieht sich auf einen einmaligen Vorgang in der Zeit (Zeitungsbericht).	→ **Bericht**	oder	**Erzählung**
	↑		↑
	Die Darstellung ist objektiv und sachlich.		Die Darstellung ist subjektiv oder aus einer bestimmten Perspektive gesehen.

19 *Fügen Sie in die folgenden Sätze eines der angegebenen Verben ein. Suchen Sie das Verb aus, das Ihrer Meinung nach am besten passt, und fügen Sie evtl. nötige Präpositionen bei (z. B. berichten über). Nutzen Sie dabei die unten auf S. 32 abgedruckte Orientierungshilfe.*
Verben: beschreiben, schildern, berichten, erzählen.

Das Buch bietet interessante Informationen über das Bundesland Thüringen. Es ________________ (a) kurz geographische Besonderheiten sowie die heutige Bevölkerungs- und Wirtschaftsstruktur. Anschließend ________________ (b) die Autorin in einer zum Teil sehr eigenwilligen, persönlichen Perspektive, was die Thüringer in den letzten Jahrhunderten alles über sich ergehen lassen mussten. Dabei verwendet sie auch Reproduktionen historischer Gemälde, die sie ausführlich und einfühlsam ________________ (c), sodass der Leser sie mit viel Gewinn betrachten kann. Danach ________________ (d) sie in sachlichem Ton davon, wie der politische Wandel nach dem Ende der DDR in diesem Bundesland vonstatten gegangen ist.

20 *In den folgenden Sätzen erhalten Sie jeweils drei Wörter zur Auswahl. Unterstreichen Sie das passende Wort.*

a) In dem Chemie-Test musste die Versuchsanordnung ausführlich (geschildert, beschrieben, berichtet) werden.
b) In seine (Beschreibung, Erzählung, Schilderung) des Hauses hat der Autor viele Vergleiche und ganz persönliche Eindrücke eingeflochten.
c) Die (Beschreibungen, Berichte, Schilderungen) in Bedienungsanleitungen sind oft ungenau.
d) Die Polizei hat von ihm eine/n ausführliche/n (Erzählung, Schilderung, Bericht) über den Unfall/des Unfalls verlangt.
e) Unsere Nachbarn (berichten, erzählen, beschreiben) immer sehr begeistert von ihren Urlaubserlebnissen.

Stücke, Abschnitte und Verse (gattungsspezifisches Beschreibungsvokabular)

In Interpretationsaufsätzen werden häufig falsche Begriffe verwendet. Diese Fehler entstehen dadurch, dass der Schreiber das für bestimmte Gattungen (Lyrik, Epik, Dramatik) typische Beschreibungsvokabular nicht auseinanderhalten kann und es wahllos mischt.

21 *In dem folgenden Text handelt es sich um einen Auszug aus einer vergleichenden **Gedicht**interpretation (vgl. Sie die Gedichte von Heinrich Heine und Ulla Hahn auf S. 30). Unterstreichen Sie diejenigen Wörter, die Ihnen unangemessen erscheinen. Ersetzen Sie diese Wörter dann.*

Beim ersten Gedicht handelt es sich um ein romantisches Stück. Der Erzähler nimmt allerdings eine distanzierte Haltung ein. Ulla Hahn erzählt in ihrem Gedicht von einer Frau, die sich von ihrem Mann oder ihrem Freund trennt. Im ersten Abschnitt des Gedichts liegt das Reimschema axxaxa vor. Während der Rhythmus in Ulla Hahns Geschichte äußerst unregelmäßig ist, liegt in dem Stück von Heinrich Heine ein Jambus vor.
Ersatzwörter:

____

____

____

____

Hinweis

In Interpretationsaufsätzen orientieren sich viele Schülerinnen und Schüler bei der Auswahl ihres Beschreibungsvokabulars an epischen Texten (Kurzgeschichten, Roman, Novellen etc.). Beschreibt man diese Textsorten, so kann man z. B. von einem **Erzähler** sprechen. Geht es jedoch um Gedichte oder um ein Drama, so muss man meist ein anderes, diesen Gattungen angemesseneres Beschreibungsvokabular verwenden. Die sprechende Instanz in einem Gedicht (außer Balladen) bezeichnet man nicht als Erzähler, sondern als **lyrisches Ich** oder **Sprecher.**

22 *Streichen Sie in der folgenden Liste diejenigen Wörter durch, die in der Beschreibung eines Gedichts nichts zu suchen haben.*

Zeile	Sprecher	Stück
Vers	Hauptperson	Erzählung
Abschnitt	lyrisches Ich	Text
Erzähler	Strophe	

23 *Streichen Sie in der folgenden Liste diejenigen Wörter durch, die in der Beschreibung eines Dramas fehl am Platz sind.*

Kapitel	Akt	Sprecher
Szene	Zeile	Redner
Figur	Text	Rolle
Erzähler	Auftritt	

24 Fremdsprachen-Teufel (Anglizismen)

Die folgenden falschen Formulierungen könnten dadurch zustande gekommen sein, dass der Verfasser oder die Verfasserin sich an Spracheigentümlichkeiten des Englischen angelehnt hat.

Korrigieren Sie. Machen Sie sich dabei die Einflüsse des Englischen klar.

a) In den Seiten 7 bis 12 finden sich viele Beispiele dafür.

____

____

b) Peter's Auto hat einen Motorschaden.

____

25 *Welchen Einfluss des Englischen stellen Sie in den folgenden Sätzen fest? Wie heißt die entsprechende englische Wendung? Verbessern Sie jeweils.*

a) Er musste für zwei Monate im Gefängnis leben.

____

____

b) In 1989 kam es in Deutschland zu gravierenden Umwälzungen.

____

____

c) Roland's Fahrrad ist kaputt.

____

> *Regel:*
> Das „s“ im zweiten Fall (Genitiv) wird im Deutschen in der Regel nicht durch Apostroph abgetrennt.

Wenn es um Personen geht, ist genau dies aber im Englischen vorgeschrieben. Die Tatsache, dass Englischlehrer ihren Schülerinnen und Schülern das „Apostroph-s“ (Peter's car) einbläuen, führt dazu, dass es auch in deutschen Texten zunehmend auftaucht. Hier handelt es sich dann allerdings um einen Fehler. Die Entwicklung wird dadurch verstärkt, dass inzwischen auch in vielen deutschen Werbeanzeigen und Firmennamen das falsche Apostroph-s zu finden ist (Beispiele: McDonald's, Kaiser's). Merken Sie sich: Ein Apostroph-s kommt im Deutschen zwar bei Kontraktionen (Zusammenziehung von Wörtern, z. B. Gib's mir! Mach's gut!) vor, nicht aber im Genitiv.

26 Fremdwort-Falle

Nutzen Sie jeweils eines der beiden angebotenen Wörter, um die folgenden Sätze zu ergänzen.

sozial/soziologisch — a) Wenn man das Verhalten des Vaters verstehen will, muss man auch die ____________________ Verhältnisse betrachten.

psychologisch/psychisch — b) Der Vater ist offensichtlich ____________________ sehr unter Druck.

different/differenziert — c) Der Vater meint etwas ganz anderes, aber er kann seinen ____________________ Standpunkt nicht deutlich machen.

psychologisch/psychisch — d) In ____________________ Lehrbüchern würde man sicher Anhaltspunkte für die These finden, dass der Vater unter einem Minderwertigkeitskomplex leidet.

Merke:
Sind seelisch-geistige Vorgänge gemeint, so ist das Wort **psychisch** zu verwenden. Will man über Sachverhalte etwas aussagen, die mehrere Menschen gemeinsam betreffen, so ist das Wort **sozial** angemessen. Die Wörter **soziologisch** und **psychologisch** bezeichnen ausschließlich wissenschaftliche Auseinandersetzungen mit sozialen und psychischen Vorgängen.

2.2 Grammatik

Während die gesprochene Sprache viele grammatische Unkorrektheiten durchgehen lässt, unterliegen geschriebene Texte strengen Regeln. Was im gesprochenen Deutsch gang und gäbe ist und oft gar nicht auffällt, führt in einer Klausur zu einem „Gr" am Rande; und die Verstöße gegen die Grammatik werden von Lehrern und Lehrerinnen als Fehler gewertet.
Diese unterschiedliche Behandlung grammatischer Standards in der gesprochenen und der geschriebenen Sprache bringt viele Verfasser von Texten in Schwierigkeiten: Sie schleppen das, was im gesprochenen Deutsch bei ihnen toleriert wird, auch in die Schriftsprache ein. Oft wissen sie nicht einmal, dass bestimmte sprachliche Gewohnheiten im Schriftdeutsch nicht akzeptiert werden.
Die folgenden Übungen konzentrieren sich auf typische Grammatikfehler, die im gesprochenen Deutsch weitgehend toleriert werden. Machen Sie sich die Fehler klar und versuchen Sie, sich alternative Formulierungen einzuprägen.

Die häufigsten grammatischen Fehler

27 *Was ist in den folgenden Sätzen Ihrer Meinung nach falsch? Unterstreichen Sie die verbesserungsbedürftigen Wörter oder Satzteile.*

a) Doch Wallfried, ihr Mann, der vor dem Fernseher sitzt, interessiert das alles nicht.

b) Meiner Meinung nach ist die Geschichte ein gutes Beispiel für die Vermachtung zwischenmenschlicher Beziehungen. Man kann sich gut in die Situation des Mannes hineinversetzen, weil es realistisch dargestellt ist.

c) Außerdem fällt die Wortlosigkeit und die Geduld des Mannes auf.

d) Es gibt viele Situationen, wo wir uns benachteiligt fühlen.

e) Wenn man im Winter in ein Auto steigt, können einige Probleme auftauchen, z. B. das Schloss kann zugefroren sein.

f) Manchmal ist es nicht einfach, die Autotür aufzuschließen, weil wenn das Schloss vereist ist, geht es nicht.

Überprüfen Sie anhand der S. 38, ob Sie alle Fehler erkannt haben.

Die häufigsten grammatischen Fehler, 2. Teil

Verbessern Sie an den unterstrichenen Stellen!

a) Doch Wallfried, ihr Mann, der vor dem Fernseher sitzt, interessiert das alles nicht.

____

b) Meiner Meinung nach ist die Geschichte ein gutes Beispiel für die Vermachtung zwischenmenschlicher Beziehungen. Man kann sich gut in die Situation des Mannes hineinversetzen, weil es realistisch dargestellt ist. ________________

c) Außerdem fällt die Wortlosigkeit und die Geduld des Mannes auf.

____

d) Es gibt viele Situationen, wo wir uns benachteiligt fühlen. ________________

e) Wenn man im Winter in ein Auto steigt, können einige Probleme auftauchen, z. B. das Schloss kann zugefroren sein. ________________

f) Manchmal ist es nicht einfach, die Autotür aufzuschließen, weil wenn das Schloss vereist ist, geht es nicht. ____

____

Regeln:
Werden Appositionen verwendet, also erläuternde Beifügungen, die durch Kommas abgetrennt sind, so stehen sie im selben Fall wie das Bezugswort. (Vgl. Satz 1!) Personalpronomen, und zwar besonders solche der dritten Person (er, sie, es), sollten immer daraufhin geprüft werden, ob sie grammatisch mit einem Bezugswort im selben oder in einem vorhergehenden Satz übereinstimmen. Die beiden Wörter „Situation“ und „es“ in Satz 2 passen nicht zusammen.

Weitere wichtige Regeln zu den hier zusammengestellten grammatischen Problemfällen finden Sie auf den folgenden Seiten.

Krüppel-Sätze (Syntaxdefizite)

Wenn Sie Texte verfassen sollen, so verlangt man von Ihnen in der Regel vollständige Sätze. Unvollständige, sogenannte „Krüppel-Sätze", die in der gesprochenen Sprache weithin akzeptiert sind, lässt man Ihnen in der Schriftsprache nicht durchgehen.

28 *Wieso sind die folgenden Sätze „verkrüppelt"? Formulieren Sie die Sätze neu.*

a) Er spricht davon, dass sein Vater Nachtwächter sei, also kein so hoher Posten.

____

____

____

b) Ich meine, dass Känsterle sich wieder mehr in die Familie integrieren müsste. Er ist ja ziemlich isoliert. Und dass er sich etwas mehr gegen seine Frau wehren müsste.

____

____

____

Das vergessene Zweitsubjekt

29 *Untersuchen Sie die folgenden Sätze auf mögliche Fehler.*

a) Dann kommt noch der ungewöhnliche Satzbau und der regelmäßige Rhythmus hinzu.
b) Dann kommt noch der ungewöhnliche Satzbau hinzu.

Wie viele Subjekte enthält Satz a? Wie viele Satz b? Steht das Verb in der Singular- oder in der Pluralform? Passen Subjekt(e) und Verb grammatisch zusammen?

30 *Korrigieren Sie in den folgenden Sätzen die Verbform, falls dies nötig ist.*

a) Heinrich Heine und Ulla Hahn behandeln beide das Thema „Trennung".

____

b) Die Wortwahl und der auffallend ironische Ton macht in dem Heine-Gedicht viel aus. ________________

c) Die Wut des lyrischen Ich und die Frage, woher diese Wut kommt, interessiert mich am meisten. ________________

„Weil, wenn sie geht …" (doppelte Konjunktion)

Betrachten Sie den folgenden Satz: „Dass Aufschließen des Autos ist im Winter mühsam, weil_wenn das Schloss vereist ist, geht es nicht."
Manchem fällt es schwer, mehrere Gedanken in einem Satzgefüge so unterzubringen, dass eine logisch-schlüssige Verknüpfung nach und nach aufgebaut wird. Viele neigen dazu, den ganzen logischen Zusammenhang, den sie im Kopf haben, an einer Stelle gebündelt hinzuschreiben: Die logischen „Anschlussstellen" der Teilsätze, die Konjunktionen, werden einfach hintereinander gesetzt. Dabei wird nach der ersten Konjunktion meist ein Komma unterschlagen („weil_wenn").

31 *Lösen Sie die folgenden Zusammenballungen von Konjunktionen auf, indem Sie die unterstrichenen Teilsätze umformulieren.*

a) Der Soldat will das Zusammensein mit seiner Geliebten besonders intensiv genießen, weil, wenn er an einen anderen Militärstandort versetzt würde, müsste er die Beziehung aufgeben.

____

____

b) Das Gedicht vermittelt nicht den Eindruck, dass die Liebe zwischen dem Soldaten und seiner „Donna" noch sehr intensiv ist, obwohl, als sie auf den Wällen spazieren gehen, er ihren Körper noch sehr anziehend findet.

____

____

32 *Bringen Sie die folgenden Teilaussagen jeweils in Form eines einzigen Satzgefüges in einen logischen Zusammenhang. Beachten Sie dabei die*

Regel:
Zwei **Konjunktionen,** die zwei verschiedene Teilsätze einleiten, sollten nicht unmittelbar hintereinander verwendet werden.

a) Ulla Hahn hat die Syntax fast aufgelöst. Die Sinnentnahme ist schwierig. Es soll verdeutlicht werden, dass die Partnerschaft aufgelöst ist.

____

____

b) Das Gedicht enthält ein relativ einfaches Vokabular, man kann es nicht auf Anhieb verstehen. Es weist Doppeldeutigkeiten auf.

____

____

„… z. B. er ist schlau“ (Inversion bei „z. B.“ und „weil“)

Zum Beispiel

Viele verfahren so, als ob nach **„z. B.“** ein eigenständiger Hauptsatz folgen würde. Beispiel: „Im Winter können beim Auto Probleme auftauchen, z. B. **das Schloss kann** zugefroren sein.“

Hier wird so getan, als ob ein eigenständiger Satz vorliegen würde: „Das Schloss kann zugefroren sein.“ In einem „z. B.“-Satz wird die Wortfolge jedoch umgedreht. Richtig heißt es: „…, z. B. **kann das Schloss** zugefroren sein.“

> *Regel I:*
> Folgt auf **z. B.** ein Satz, so steht das Prädikativ unmittelbar anschließend (vor dem Subjekt).

Weil/denn

Bei der Konstruktion von Sätzen verwechseln viele die Wörter **„weil“** und **„denn“**.
Beispiel: „Er kann nicht kommen, weil er ist krank.“
Es gibt zwei Möglichkeiten, diesen Satz zu verbessern:
a) „Er kann nicht kommen, denn er **ist** krank.“
b) „Er kann nicht kommen, weil er krank **ist**.“

> *Regel II:*
> **„weil“** leitet einen Nebensatz ein. (Das Verb steht daher am Ende.)
> **„denn“** leitet einen Hauptsatz ein. (Das Verb steht deshalb gleich nach dem Subjekt.)

33 *Verbinden Sie die folgenden Teilaussagen jeweils mit den Konjunktionen „weil“ und „denn“.*

a) Es ist kalt: Ich ziehe einen Pullover an.

denn: ____

weil: ____

b) Die Blume benötigt viel Wasser. Es ist sehr heiß.

denn: ____

weil: ____

„Das Haus, was da steht …“ (falsches Verweispronomen und falsches Relativpronomen)

34 *Machen Sie sich mithilfe der unten folgenden Regeln klar, wieso die unterstrichenen Wörter falsch sind. Ersetzen Sie diese dann.*

a) Ulla Hahns lyrisches Ich hat sich im Gegensatz zu dem bei Heine schon von dem Partner gelöst. Sie ist innerlich wieder frei. ____________________

b) Man kann einen Zeilensprung feststellen, wo ich später noch näher drauf eingehen werde. ____________________

c) Die Häufung dunkler Vokale verdeutlicht das Problem, was in der 3. Strophe dargestellt wird. ____________________

Wichtige Regeln zu diesem Problemfeld:
Ein Personalpronomen kann ein Substantiv des vorhergehenden Satzes ersetzen. Allerdings muss es eindeutig beziehbar sein.
Das **Relativpronomen „das“** bezieht sich auf **ein Wort im vorhergehenden Satz,** das Relativpronomen **„was“** in der Regel auf die **gesamte Aussage des vorhergehenden Satzes.**
Beispiele: Das **Haus, das** du dort siehst, gehört ihm.
Er ist schwer krank, was ich zunächst nicht glauben wollte.

Auch Nebensätze, die ein Objekt oder ein Subjekt ersetzen, können mit „was“ eingeleitet werden.
Beispiele: **Was** du weißt, musst du für dich behalten. (Wen oder was? Objektsatz)
Was ich hier sehe, ist grässlich. (Wer oder was? Subjektsatz)

„Wo“ kann **nicht als Relativpronomen** verwendet werden. Tritt zu einem Relativpronomen eine Präposition hinzu (in denen, bei denen), so verwendet man wegen der Abkürzung oft ersatzweise ein „wo“. Das ist grammatisch falsch.

35 *Fügen Sie in den folgenden Lückentext die Pronomen „das“ und „was“ ein.*

Das Ereignis, auf ____________ (a) sich die Autorin bezieht, scheint noch nicht weit zurückzuliegen. ____________ (b) im Einzelnen passiert ist, weiß man nicht. Aber man kann sich sehr gut vorstellen, über ____________ (c) die Autorin sich geärgert hat. Das Kosen z. B., ____________ (d) in Zeile 10 erwähnt wird, hat ihr wohl gefehlt. Und das Paradies, in ____________ (e) der Liebhaber abhauen soll, kann nichts Gutes bedeuten. ____________ (f) die Autorin sagen will, ist nicht auf den ersten Blick erkennbar; man muss das Gedicht, ____________ (g) bereits mit einer kaum auf Anhieb deutbaren Überschrift beginnt, aufmerksam studieren.

Die falsche Präposition

Präpositionen legen die Verhältnisse zwischen Wörtern fest. Logische Verhältnisse sind oft nicht so schnell zu überblicken, sodass viele Schreiber oft zu falschen Präpositionen greifen. Meist haben sie sich die logischen Bezüge nicht hinreichend klargemacht. Das Feld der präpositionalen Wendungen ist sehr vielschichtig. Die folgende Übung konzentriert sich auf Fehler, die oft auftauchen. In jedem Satz ist eine Wendung enthalten, in der eine Präposition falsch verwendet worden ist. Zunächst sind die fehlerhaften Wendungen unterstrichen, später sollen Sie selbst Fehler entdecken.

36 *Korrigieren bzw. ergänzen Sie die Sätze. Achtung: Manchmal ändert sich beim Austausch der Präposition auch der Fall (Kasus) des nachfolgenden Wortes!*

a) Die Abhängigkeit des Vaters **zu** seiner Frau ist groß.

____

b) Sie macht ihm Vorwürfe **über** seine Untätigkeit.

____

c) Seine Kenntnisse **über** die Psychologie scheinen nicht sehr groß zu sein.

____

d) Sie übt Kritik **gegen** untätige, antriebslose Männer.

____

e) Ihr mangelndes Verständnis **über** seine Situation wird deutlich.

____

f) Eine Wertung **über** dieses Buch vorzunehmen ist nicht ganz einfach.

____

g) Es ist offensichtlich, dass er ein gestörtes Verhältnis seiner Frau hat.

____

h) Dass sie ihn provoziert, geht dieser Textstelle deutlich hervor.

____

> *Häufig verwendete Präpositionen:* ab, an, auf, aus, bei, bis, durch, für, gegen, hinter, in, mit, nach, trotz, über, um, unter, von, vor, wegen, zu, zwischen.

Nicht selten werden Präpositionen da gesetzt, wo sie gar nicht notwendig sind. Vgl. Sie die Sätze c) und f)! Gehen Sie mit der Mode-Präposition „über" sparsam um!

Die Präposition „durch"

Ebenso tückisch wie die Präposition „über" ist für ungeübte Schreiber das Wort „durch".

37 *Verbessern Sie die Verwendungen von „durch", die Sie für falsch halten.*

a) Sie fährt durch ganz Italien. ______________________

b) Beim Abstieg vom Dachboden fällt er durch das viel zu große Kostüm die Treppe hinunter. (Lesen sie evtl. die Geschichte auf S. 20 nach!) ______________________

c) Sie hatte durch zu schwache Brillengläser einen Unfall. ______________________

d) Er stach ihm durch den Arm. ______________________

e) Er ist durch sein relativ hohes Alter nicht mehr angestellt worden. ______________________

f) Durch Leserbriefe ist er vielen Leuten bekannt. ______________________

Die Präposition „durch" kann bei räumlicher oder zeitlicher Durchdringung (durch die Luft; die ganze Nacht durch) oder im Sinne von „mithilfe von/mittels" (durch das Fernsehen bekannt) verwendet werden.
Unpassend sind meistens Verwendungen im Sinne von „aufgrund von/infolge von".

„Er sagte, er wäre krank.“ (Konjunktiv der indirekten Rede)

Die indirekte Rede gibt die Äußerungen eines anderen wieder. Um zu signalisieren, dass man nicht selbst der Urheber einer Information ist, verwendet man den Konjunktiv. Während man im gesprochenen Deutsch vielfach Umschreibungen mit „würde“ verwendet, um die manchmal schwierigen Konjunktiv-Formen zu umgehen („Er sagte, er würde krank sein“), wird im geschriebenen Deutsch der eigentliche Konjunktiv erwartet.

Der **Konjunktiv I** wird vom **Infinitiv** abgeleitet, indem das „n“ am Ende weggestrichen wird:

gehen → Sie sagte, er **gehe** bald.
sein → Sie sagte, er **sei** krank.

Der **Konjunktiv II** wird von der **Vergangenheitsform** (Vgh.) des Verbs abgeleitet. Bei starken Verben tritt bei den Vokalen a, o, u zugleich ein Umlaut zu ä, ö, ü ein:

haben	→	Vgh.: **hatten** (starkes Verb)	→	Er sagte, sie **hätten** keine Lust.
machen	→	Vgh.: **machten** (schwaches Verb)	→	Er sagte, sie **machten** nun Hausaufgaben.
liegen	→	Vgh.: **lagen** (starkes Verb)	→	Er sagte, sie **lägen** goldrichtig.

Regeln:
In der indirekten Rede wird der **Konjunktiv I** immer dann verwendet, wenn er sich **vom Indikativ unterscheidet**.

Beispiel:	Konjunktiv:	… er mache es.
	Indikativ:	… er macht es.
Aber:	Konjunktiv:	… sie machen es.
	Indikativ:	… sie machen es.

Sind Konjunktiv I und Indikativ nicht zu unterscheiden, wird als Ersatzform der **Konjunktiv II** verwendet.

Tipp

Der **Konjunktiv I** tritt sehr häufig in der 3. Person Singular (mit „er/sie/es“) auf.
Der **Konjunktiv II** tritt häufig bei **Pluralformen** auf.
Für alle **Vergangenheitsformen** (Präteritum, Perfekt, Plusquamperfekt) gibt es **nur eine gemeinsame Form des Konjunktivs** der indirekten Rede.

38 *Füllen Sie nach diesen Regeln die folgende Liste aus! Schlagen Sie evtl. im Lösungsheft nach. Nehmen Sie die ausgefüllte Liste öfters zur Hand, wenn Sie in einem Text Fremdäußerungen wiedergeben müssen.*

Direkte Rede	Indirekte Rede	Zu verwendende Form
AKTIV		
Präsens		
er geht	er gehe	Konjunktiv I
sie gehen	sie ______________	Konjunktiv II
sie hat	sie ______________	Konjunktiv I
sie haben	sie ______________	Konjunktiv II
Imperfekt/Perfekt		
er ging	er sei gegangen	Konjunktiv __________
sie ist gegangen	sie sei gegangen	Konjunktiv __________
Futur		
er wird gehen	er ______________	Konjunktiv I
sie werden gehen	sie ______________	Konjunktiv II
PASSIV		
Präsens		
er wird gefunden	er werde gefunden	Konjunktiv I
sie werden gefunden	sie ______________	Konjunktiv __________
Imperfekt/Perfekt		
er wurde gefunden	er sei gefunden worden	Konjunktiv I
sie wurden gefunden	sie ______________	Konjunktiv I
Futur		
er wird gefunden werden	er ______________	Konjunktiv __________
sie werden gefunden werden	sie ______________	Konjunktiv __________

39 *Setzen Sie im folgenden Text die passenden Konjunktiv-Formen ein.*

In der Diskussion erklärte Petra, die meisten Leute ________________ (sitzen/a) aus Langeweile vor dem Fernseher. Außerdem behauptete sie, dass ein Schüler, der häufig vor dem Fernseher ________________ (sitzen/b), zappelig ________________ (werden/c). Markus sagte, er ________________ (finden/d) es normal, zwei bis drei Stunden am Tag Filme anzusehen. Nachmittags ________________ (sein/e) das Programm zwar langweilig, aber abends ________________ (senden/f) manche Anstalten interessante Programme. Klaus und Peter meinten, dass viele Leute Diskussionssendungen als Gesprächsanlässe ________________ (brauchen/g).
Sie ________________ (finden/h) solche Sendungen jedoch langweilig.

Der „einzigste" Fehler (unmögliche Superlative und anderes)

Die meisten Adjektive (z. B. schnell) haben Steigerungsformen. Sie bilden einen Komparativ (schneller) und einen Superlativ (am schnellsten). Es gibt jedoch einige Adjektive, deren Bedeutung weder einen Komparativ noch einen Superlativ zulässt. Diese Formen wären logisch unsinnig. Etwas kann z. B. nicht „einziger" als „einzig" sein.

Beispiele:
a) Das **einzigste** Beispiel findet sich auf S. 12.
b) Diese Regelung ist viel **optimaler.**
c) Das war das **weitest gehendste** Angebot.

40 *Schreiben Sie diese Sätze um, sodass sie grammatisch korrekt sind! Verwenden Sie dabei evtl. andere Adjektive!*

____

____

____

____

____

____

____

____

2.3 Logische Verknüpfungen

Mangelnde Logik

41 *Prüfen Sie die logische Stimmigkeit der folgenden Sätze. Streichen Sie diejenigen Teil der Sätze an, die Ihrer Meinung nach verbesserungsbedürftig sind. Verbessern Sie dann.*

a) In der Kurzgeschichte schildert der Autor einen Konflikt zwischen einem Ehepaar.

____

____

b) Ulla Hahns Gedicht bildet im Vergleich zu Heines Gedicht einen krassen Gegensatz.

____

____

c) Anhand des Stils kann man sehen, dass die beiden Gedichte in verschiedenen Zeiten verfasst wurden.

____

____

d) Heinrich Heine behandelt genau wie Ulla Hahn ein Thema, in dem es um die Trennung zweier Personen geht.

____

____

e) In Ulla Hahns Gedicht steht das lyrische Ich dem Mann hasserfüllt gegenüber, wobei das lyrische Ich bei Heine das Mädchen zu lieben scheint.

____

____

f) Ein Dialogausschnitt zwischen dem Ehepaar bestätigt dies.

____

____

Eine *Regel,* die Ihnen weiterhelfen kann:
Die Präposition **„zwischen“** bezieht sich immer auf **zwei Nomen!**

Mehr Variationen!

Viele ungeübte oder flüchtige Schreiber neigen dazu, gedankliche Schritte nicht genau zu formulieren; manchmal werden gedankliche Zusammenhänge erst gar nicht im Einzelnen angegeben. Die Schreiber gehen davon aus, dass der Leser den **logischen Gesamtzusammenhang** von Äußerungen schon irgendwie nachvollziehen wird.
Dabei wird so getan, als habe der Leser die Gedankenfolge des Schreibenden in voller Breite mitvollzogen – ein Trugschluss.
Die logisch-schlüssige Ausgestaltung von Texten wird oft unterlassen, weil dem Schreiber die dazu nötigen **Redewendungen** nicht zur Verfügung stehen. Eine längere Suche nach solchen Redewendungen würde den Gedankenfluss unterbrechen, was besonders in Drucksituationen (Klausur etc.) nicht riskiert werden kann. Die logische Verknüpfung unterbleibt dann ganz.
Daher ist es sehr wichtig, in „entspannten" Schreibsituationen (Hausaufgaben etc.) die Schreibfähigkeiten im Bereich der logischen Gedankenverknüpfungen kontinuierlich zu verbessern und zu festigen.

Prüfen Sie Inhaltsangaben, Erörterungen oder ähnliche Texte, die Sie in letzter Zeit geschrieben haben.

a) Wie viele der unten aufgeführten verknüpfenden Redewendungen finden Sie in Ihren Texten? Unterstreichen Sie die Wendungen, die Sie bislang verwendet haben. Wie umfangreich ist Ihr Repertoire?
b) An welchen Stellen könnten Sie sinnvollerweise andere Wendungen aus der folgenden Liste einfügen? Formulieren Sie um.
Die Formulierungen können bei Textwiedergaben oder -analysen direkt verwendet werden. Wenn Sie sich nicht auf einen Fremdtext beziehen, sondern eigene Überlegungen darlegen wollen, müssen die Redewendungen entsprechend ausgewählt und abgeändert werden.

Gedanken verknüpfen

	der Autor sagt …
	er meint …
	seine besondere Aufmerksamkeit gilt …
	er stellt dar …
	er hebt hervor …
	für ihn gilt …
	er ist der Überzeugung …
außerdem	sei …
insbesondere	interessiert ihn …
vor allem	betont er …
	er beweist …
	er behauptet …
	er fragt sich, ob …
darüber hinaus	wirft er einen Blick auf …
	er gibt zu erkennen …
	er gibt zu bedenken …

Gedanken logisch anschließen

Die folgenden Wendungen setzen eine genauere logische Strukturierung von Aussageketten voraus. Besonders in erörternden Texten werden sie benötigt. Die einfachste – weil immer anwendbare – Art der Verknüpfung ist die temporale. Sie erfordert keine besondere Überlegung:

zunächst	stellt er dar, wie …
dann	ist die Rede von …
anschließend	spricht er von …
im weiteren Fortgang	streift er noch das Problem …
schließlich	erklärt er …
dabei	beruft er sich auf …
gleichzeitig	geht er davon aus, dass …

Eine stärkere logische Strukturierung von Aussagen führt zu anderen Verknüpfungen **(kausalen, adversativen, konditionalen, modalen):**

andererseits	macht er deutlich …
im Übrigen	lässt er keinen Zweifel daran …
allerdings	schränkt er das durch den Hinweis ein, dass …
in diesem Zusammenhang	überlegt er …
zu diesem Zweck	verwendet er …
denn	er führt dem Leser vor, wie …
es lässt sich **nämlich**	zeigen, dass …
deshalb/folglich	stellt er … als einen … dar
trotzdem	hält er nicht sehr viel von …
so	ist es nicht verwunderlich, dass er …
sogar	hier gibt der Autor zu erkennen …
die Begründung für diese Annahme lautet,	**dass …**

Aufzählende Anschlüsse

weiterhin	kann die Zeile … als Beleg angeführt werden
ein weiterer Hinweis	ergibt sich aus Zeile …
noch wichtiger	ist, dass die Autorin …
man sollte auch berücksichtigen,	dass die Autorin …

Beispiele anführen

zum Beispiel	stellt die Autorin ihn als … dar
was damit gemeint ist,	lässt sich gut in Zeile … verdeutlichen
ich **weise** besonders auf	ihre Darstellung der … **hin**
dies ist der Fall bei	…
es gibt **einige Belege**	für diese Annahme: …
konkret nachweisen	lässt sich dies in Strophe …

Schlussfolgerungen

man ersieht daraus,	dass …
aus diesen Anhaltspunkten	ergibt sich mit einiger Schlüssigkeit, dass …
diese Zusammenhänge	beweisen, dass …
alles in allem	lässt sich festhalten, dass …
mein Resümee:	…
alle diese Details **lassen sich zusammenfassen**	in der These, dass …

Im Meinungsstreit

zweifellos ist	…, **doch** …
sicherlich	kann angenommen werden, dass …
…,	**aber** … **auch**
es mag zutreffen, dass	… **jedoch** ist auch noch ein anderer Aspekt zu betrachten: …
allerdings	muss auch gesagt werden …
vielmehr	ist festzustellen, dass …

Einen neuen Abschnitt beginnen

Ein weiterer Aspekt wird in Zeile … deutlich. Die Autorin schildert hier …
Ein entscheidender gedanklicher Schritt wird in der nächsten Strophe/dem nächsten Abschnitt vollzogen. Hier …
Ich wende mich nun dem … zu.
Ich komme nun zu der Frage, ob …
Ein wichtiger Untersuchungsaspekt ist die Frage, wie die Autorin …
Eine weitere Interpretationsthese bezieht sich auf …
Dies führt mich nun zu dem Gedanken/der Frage, …
Zum Schluss möchte ich noch prüfen, ob die Autorin …
Schließlich will ich noch darstellen, wie die Autorin …

Legen Sie diese Liste bei größeren Textaufgaben im Deutschunterricht (Interpretationsaufsatz, Erörterung, Facharbeit), aber auch bei Arbeiten für andere Fächer demnächst neben sich auf den Schreibtisch. Bedienen Sie sich öfters aus der Liste und festigen und erweitern Sie damit Ihre Fähigkeiten der Textverknüpfung.

Logische Markierungspunkte: Konjunktionen und Adverbien

Bemühen Sie sich beim Schreiben längerer Texte auch um eine Differenzierung Ihres Gebrauchs von Konjunktionen und Adverbien. Bemühen Sie sich zugleich um eine genauere gedankliche Verbindung zwischen Ihren Teilaussagen. Nutzen Sie dabei das folgende Kreisschema.

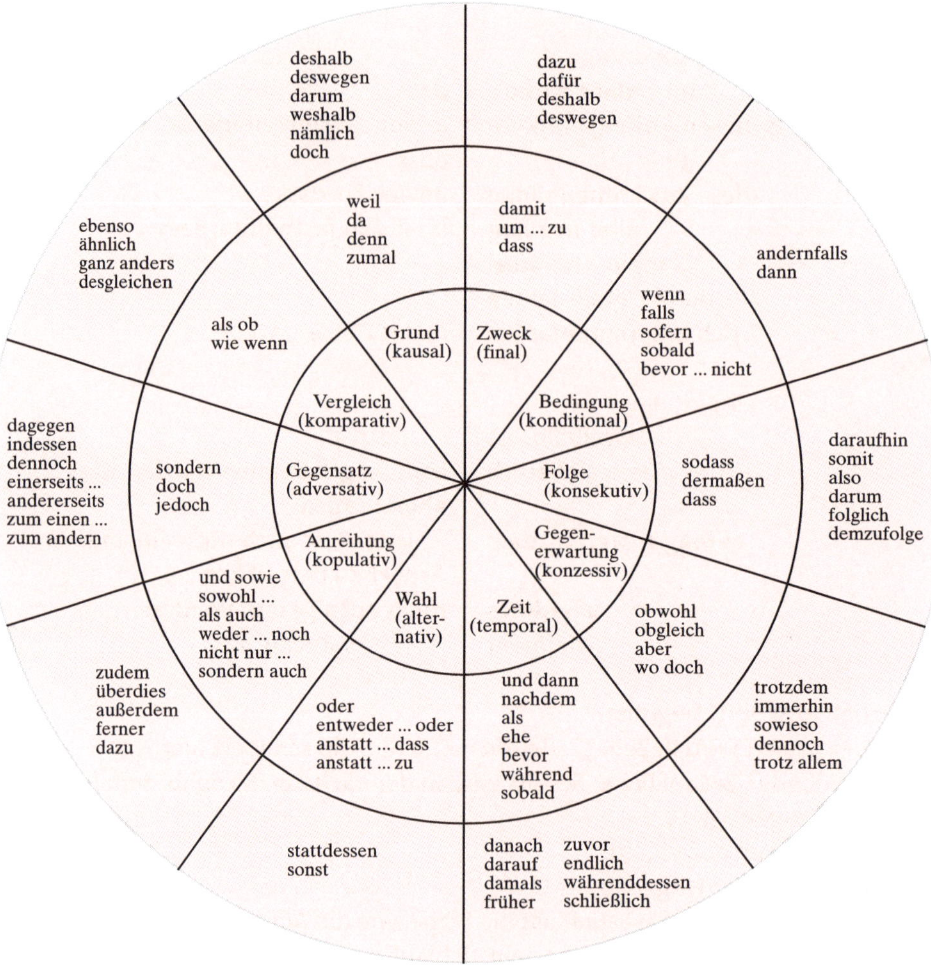

Außer Konjunktionen und Adverbien werden in Texten auch Präpositionen (bei, durch, aus, dank, wegen, trotz, infolge, aufgrund usw.) verwendet, um logische Bezüge herzustellen.

42 *Fügen Sie eine der folgenden logischen Verknüpfungen in die unten zusammengestellten Sätze ein.*

demzufolge	aufgrund (auf Grund)	durch
ebenso aber	bei	infolge
sowohl/als auch	aber auch	wohingegen
vielmehr	indessen	demgegenüber
andererseits	obgleich	sofern

a) Wallfried sitzt die meiste Zeit schweigend vor dem Fernseher, ____________________ seine Frau fast pausenlos redet.

b) Der Vater spielt in dieser Geschichte nicht die dominante Rolle; ____________________ hat die Mutter das Sagen.

c) ____________________ eines überlangen Mantels fällt er die Treppe hinunter.

d) Der Soldat in Heines Gedicht befürchtet eine Relegation; ____________________ könnte er etwas ausgefressen haben.

e) Heines Soldat scheint vom weiblichen Geschlecht eine gute Meinung zu haben, ____________________ ist das lyrische Ich in Ulla Hahns Gedicht vom anderen Geschlecht enttäuscht.

f) ____________________ aller Sympathie für das lyrische Ich in Ulla Hahns Gedicht scheint mir der hier dargestellte Umgang mit einem Beziehungskonflikt doch in eine Sackgasse zu führen.

2.4 Rechtschreibung

Fühlen Sie sich fit in der Rechtschreibung? Testen Sie sich! Im Folgenden sind Wörter zusammengestellt worden, die immer wieder falsch geschrieben werden. Einige der Schreibungen, die Sie unten finden, sind korrekt, einige falsch.

Entscheiden Sie, ob die Wörter richtig oder falsch geschrieben bzw. getrennt sind. Schauen Sie jeweils ganz genau hin. Verbessern Sie eventuell.

nähmlich	______________
ein bischen	______________
in bezug auf	______________
seitens	______________
meißtens	______________
etwas schönes	______________
ein Pärchen	______________
ziehmlich	______________
wiederrum	______________
Spülmaschine	______________
Wiederstand	______________
heute abend	______________
viel Gutes	______________
die Anderen	______________
sich wiederhohlen	______________
vorrübergehen	______________
von seiten	______________
im Nachhinein	______________
detailiert	______________
aufs neue	______________
vielleicht	______________
etwas Großes	______________
Desintresse	______________
rhethorische Mittel	______________

persöhnlich _______________

gesamt _______________

direckt _______________

endsetzlich _______________

Wideruf _______________

morgends _______________

Entwurf _______________

Wiedergabe _______________

pikfein _______________

Die Lösungen finden Sie ausnahmsweise nicht im Lösungsheft, sondern hier im Buch. Kontrollieren Sie auf S. 60, ob Sie die richtigen Korrekturen vorgenommen haben. Falls Sie mehrere Fehler nicht gefunden oder Schreibungen „verschlimmbessert" haben, sollten Sie das Kapitel „Rechtschreibung" gründlich durcharbeiten.

s/ss/ß

Sind Sie häufig unschlüssig, ob ein Wort mit „ß" oder „ss" geschrieben wird? Können Sie „das" und „dass" schlecht unterscheiden? Dann halten Sie sich an die folgenden Faustregeln!

> *Faustregel I:* **„ß" oder „ss"**?
> „ss" muss stehen, wenn sich davor **ein** kurz gesprochener Vokal befindet.
> In allen anderen Fällen steht „ß".

43 *Setzen Sie „ß" oder „ss" ein!*

mit Genu_______

genu_______voll

die Genü_______e

eine Genu_______steuer

schlie_______en

er schlo_______

sie schlo_______en

du schlie_______t

Schlo_______ruine

der Bi_______ eines Hundes

ein bi_______iger Hund

feste zubei_______en

ein bi_______fester Apfel

gebi_______en

ma_______enhaft

ma_______voll sein

Ma_______enabfertigung

einigerma_______en

Faustregel II: **„dass“ oder „das“?**
Schreiben Sie „das“, wenn das Wort durch „dieses“ oder „welches“ ersetzbar ist, ansonsten „ss“.

„dass“ ist eine Konjunktion; und „das“ ist ein Relativpronomen, ein Demonstrativpronomen oder ein bestimmter Artikel. Grammatische Untersuchungen dieser Art müssen Sie nicht anstellen, wenn Sie sich die oben genannte Faustregel merken. Zur Bewältigung praktischer Rechtschreibprobleme reicht sie völlig aus.

44 *Setzen Sie „das“ oder „dass“ ein*

_______ Gedicht, _______ von Ulla Hahn 1981 geschrieben wurde, macht deutlich, _______ die Autorin stark von der Frauenbewegung beeinflusst wurde. _______ sie so negative Erfahrungen mit Männern beschreibt, weist darauf ihn. _______ Thema, _______ sie behandelt, ist damals in Frauenzeitschriften ziemlich breitgetreten worden. Ihre Besonderheit der Themenbehandlung ist, _______ sie intensiv Möglichkeiten der semantischen Zweideutigkeit nutzt, um ihre Aussage zu akzentuieren.

45 *Konjugieren Sie. Suchen Sie auch Vergangenheitsformen.*

weisen	**weißen**	**wissen**
Ich weise darauf hin.	Ich weiße die Wand.	Ich weiß.
Du weist		
Er wies darauf hin.	Er weißte die Wand.	

46 *Setzen Sie „s“ oder „ss“ ein.*

Er wei____ nicht mehr, ob er die Aufgabe aus dem wei____en oder dem grünen Buch machen sollte. Man sollte ihn darauf hinwei____en, da____ er sich ein Aufgabenheft anlegen sollte und da____ es in manchen Fallen nicht sehr wei____e ist, auf das eigene Gedächtni____ zu vertrauen. Oft wei____t ihn der Lehrer darauf hin, da____ er wieder mal das falsche Gedicht interpretiert hat und da____ er sich wohlwei____lich wieder da____ kürzeste ausgesucht hat.

Groß- und Kleinschreibung

47 *Schreiben Sie alle in Großbuchstaben geschriebenen Wörter im Anschluss an die Sätze noch einmal! Dabei müssen Sie entscheiden, ob Sie am Anfang der Wörter einen großen Buchstaben belassen oder ob Sie das Wort kleinschreiben wollen.*

a) IM WESENTLICHEN handelt es sich um eine tragische Handlung.

____

b) IM GROSSEN UND GANZEN ist das Familienleben zerstört.

____

c) Die Mutter hat NICHTS GUTES bewirkt. ______________________________

d) Es ist ALLES in Mitleidenschaft gezogen: DIE Hausgemeinschaft, der Familienfriede und die eheliche Beziehung. _______________ _______________

e) Die BEIDEN waren sich zum VERWECHSELN ähnlich.

_______________ ________________________

Merkverse:

1. Nach **viel** und **etwas,**
   nichts und **alles**
   schreib Adjektive groß!
   Behalt es!
2. Bei „die **beiden**“, „**alles**“ und „die **anderen**“ machen Großbuchstaben keinen Sinn.
3. Nach einem **Doppelpunkt**
   schreib groß nur dann,
   sofern ein ganzer Satz
   sich schließet an.

Zusammen- und Getrenntschreibung

48 *In den folgenden Sätzen sind einige Zwischenräume zwischen Wörtern unterstrichen. Entscheiden Sie, ob die Wörter zusammengeschrieben werden müssen! Verbinden Sie die Wörter in diesem Fall mit einem Haken!*

a) Weil er gar__nicht richtig antwortet, bringt er seine Frau in Rage. Bereits in__dem Teil der Geschichte wirkt er sehr hilflos.

b) Der Mann kann seine im Beruf erworbenen Kenntnisse zu__H/hause nicht anwenden.

c) Es sieht aus, als ob er N/nacht__wandeln würde.

d) Anschließend kann er nicht mehr F/fuß__fassen.

e) Die Frau macht schließlich alles zu__nichte; die Fassade einer intakten Familie ist nirgend__wo mehr aufrecht__zu__erhalten.

f) Die Frage ist, ob die Ehe so bestehen__bleiben kann.

Regeln:
Nach der Rechtschreibreform wird weniger zusammengeschrieben als vorher. Obwohl sie dem Sinne nach zusammengehören, schreibt man **im Allgemeinen getrennt:**

▶ **zwei Verben**	*Beispiel:*	sitzen lassen
▶ **Partizip und Verb**	*Beispiel:*	verloren gehen
▶ Verbindungen mit dem **Verb „sein“**	*Beispiel:*	vorhanden sein

Unter bestimmten Voraussetzungen getrennt schreibt man:

Nomen und Verb, falls man mit diesen Wörtern durch Umstellung sinnvolle Sätze bilden kann.	*Beispiel:*	Rad fahren. → ich fahre Rad. Aber: nachtwandeln Der Satz „Ich wandle Nacht“ macht keinen Sinn.

Einige Probleme bereiten Verbindungen von **Adjektiv und Verb,** die dem Sinne nach zusammengehören.
Zusammenschreiben muss man, wenn das Adjektiv in dieser Verbindung nicht sinnvoll gesteigert werden kann.
Beispiel: auf dem Konto Geld gutschreiben
„auf dem Konto Geld noch besser schreiben“ macht keinen Sinn
(siehe auch frohlocken, langweilen, vollenden)

49 *Schreiben Sie die folgenden Wörter ab. Werden sie an den markierten Stellen zusammen- oder getrennt geschrieben?*

etwas genauXnehmen ______________________

jemandem lästigXfallen ______________________

p/PostenXstehen ______________________

fernXsehen ______________________

zurückXsein ______________________

zwangsXräumen ______________________

fernXstehen ______________________

zusammenXsein ______________________

blauXmachen ______________________

m/MaschineXschreiben ______________________

Doppelter oder einfacher Konsonant?

Einige Wörter, bei denen zu entscheiden ist, ob sie mit einfachem oder doppeltem Konsonanten geschrieben werden, bereiten vielen Schreibern große Probleme.

50 *Lösen Sie das folgende Silbenrätsel. Dabei prägen Sie sich neben der Rechtschreibung auch die Trennung der Wörter ein.*

al – aus – es – fen – ge – ge – her – in – le – le – melt – par – ru –
sam – samt – sant – ter

Gesucht werden Ersatzwörter für:

a) herbeirufen ______________________

b) Gegenteil von „hinein" ______________________

c) mühsam zusammengetragen ______________________

d) Gegenteil von „teilweise" ______________________

e) Gerade, die zu einer anderen Geraden ______________________

in gleichem Abstand verläuft ______________________

f) nicht langweilig ______________________

51 *Wie viele Buchstaben müssen Sie jeweils einsetzen?*

a) Jemand ist nicht normal, er ist a_____ormal.

b) Jemand ist nicht sozial eingestellt, er ist a_____ozial.

c) Mir werden Gedanken nahegelegt, ich a_____oziiere etwas.

d) Etwas ist nicht organisch, es ist a_____organisch.

e) Sie ist gewalttätig, sie ist a_____ressiv.

„Rhythmus", das verflixte „h"

Fachtexte, die Sie schreiben müssen, sind manchmal durchsetzt von Fremdwörtern. Besonders schwierig in der Schreibung sind einige Wörter griechischen Ursprungs.

52 *Setzen Sie die folgenden Silben zu Wörtern zusammen und schreiben Sie sie auf.*

Rhyth	rhe	mus	Rheu
to	sym	risch	me
ma	Sym	gra	pa
Ortho	tismus	trisch	
thie	At	mo	
re	phie	sphä	

____

____

____

Schreiben Sie diese Wörter auf kleine Karteikarten oder Zettel. Schauen Sie den Stapel Karte für Karte aufmerksam an. Verfahren Sie an mehreren aufeinanderfolgenden Tagen so.

Merksprüche und Anregungen

Hier sind zunächst die Korrekturen zu der Wortliste auf S. 54.

Richtig:	*Verbesserungen:*
____________________	nämlich
____________________	ein bisschen
____________________	in Bezug auf
seitens	____________________

Richtig:	*Verbesserungen:*
____	meistens
____	etwas Schönes
ein Pärchen	____
____	ziemlich
____	wiederum
Spülmaschine	____
____	Widerstand
____	heute Abend
viel Gutes	____
____	die anderen
____	sich wiederholen
____	vorübergehen
____	von Seiten (vonseiten)
im Nachhinein	____
____	detailliert
____	aufs Neue
____	vielleicht
etwas Großes	____
____	Desinteresse
____	rhetorische Mittel
____	persönlich
gesamt	____
____	direkt
____	entsetzlich
____	Widerruf
____	morgens
Entwurf	____
Wiedergabe	____
____	piekfein

Schreiben Sie die Wörter noch einmal in die jeweils leere Spalte.
Lesen Sie diese Wörter an mehreren Tagen hintereinander aufmerksam durch. Achten Sie dabei besonders auf die unterstrichenen Wortteile. Hartnäckige Fälle können Sie auf Karteikarten notieren.

Lesen Sie die folgenden Merksprüche an mehreren Tagen hintereinander und dann noch einmal im Abstand von einer Woche.

Merksprüche:
1. Wer „nämlich“ mit „h“ schreibt, ist dämlich.
2. Ein „bisschen“ ist ein kleiner Biss,
   mit Doppel-S schreibt man's gewiss.
3. Wer „meist“ mit Eszett schreibt, ist dreist.
4. Nach l, m, n, r – das merk dir ja! –
   steht nie „tz“ und nie „ck“.

Anregungen für hartnäckige Fälle
Wenn Sie einige Wörter immer wieder falsch schreiben, verdienen diese „hartnäckigen Fälle“ eine Sonderbehandlung. Nutzen Sie folgende Möglichkeiten, nachdem Sie Ihre Problemfälle in einer Liste oder Kartei gesammelt haben:

1. **Wortmühle:** Sie geben die „hartnäckigen Fälle“ in die Wortmühle. Dort werden sie in Silben aufgeteilt. Am nächsten Tag setzen Sie die Silben wieder zu Wörtern zusammen. (Die obere Hälfte der Mühle dabei abdecken!)

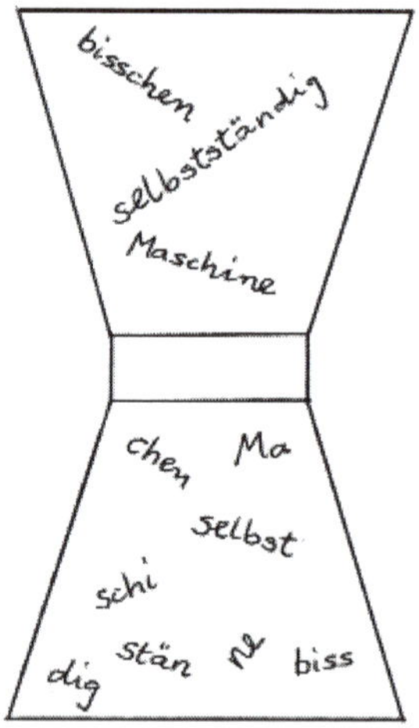

2. **Lückenwörter:** Um ihre Konzentration zu erhöhen und Ihre Aufmerksamkeit auf jeden einzelnen Buchstaben zu lenken, schreiben Sie Lückenwörter in der nebenstehenden Art. Am nächsten Tag füllen Sie die Lücken aus.
   nä lich
   näm ich
   näml ch
   nämli h

4. **„Fotografieren":** Sie schauen ein für Sie schwieriges Wort mehrmals Buchstabe für Buchstabe an. Dann schließen Sie die Augen und stellen sich das Wort wieder Buchstabe für Buchstabe vor. Nach einer Reihe von Sekunden öffnen Sie die Augen und schreiben das Wort hin.

2.5 Zeichensetzung

Haben Sie Probleme mit der Zeichensetzung? Sind Sie hilflos angesichts der vielen zu beachtenden Regeln und Unterregeln? Haben Sie es aufgegeben, alles im Gedächtnis zu behalten?
Sie sollten nicht aufstecken, denn
- erstens beeinträchtigt eine Vielzahl von Zeichensetzungsfehlern den Gesamteindruck Ihrer Texte ganz erheblich und
- zweitens kann man mit relativ wenig Krafteinsatz viele Fehler vermeiden.

Einen Großteil der im „Duden" aufgelisteten Regeln beherrschen Sie sowieso. Probleme gibt es meist nur in einigen wenigen Bereichen, in denen Sie die Entscheidung, ob ein Komma stehen muss oder nicht, nicht sicher treffen können. Vielleicht haben Sie auch noch gar nicht das notwendige „Gefühl" dafür entwickelt, **wodurch** eigentlich Kommas **verursacht** werden.
Im Folgenden finden Sie zunächst einige Tipps, mit deren Hilfe Sie
- „Antennen" für kommaverdächtige Textstellen ausfahren und
- die allermeisten der dann notwendigen Entscheidungen eindeutig treffen können.

Anschließend werden Sie Übungsmaterial zu speziellen Problembereichen finden, insbesondere zu **neuen Zeichensetzungsregeln,** die im Rahmen der Rechtschreibreform eingeführt wurden.

Orientierungshilfen

Wie kann man in einem Meer von Wörtern zielsicher die nötigen Kommas verteilen – zumindest die allermeisten?

I. Sehr viele Kommas **trennen Hauptsätze von Nebensätzen.** Zwischen Haupt- und Nebensatz steht immer ein Komma. Das wissen Sie vermutlich. Das Problem ist nur, dass man in seinem Text oft den Überblick darüber verliert, wie viele Sätze es denn nun sind, die man geschrieben hat, und wo sie aufeinanderstoßen, wo also ein Komma stehen müsste.

Versuchen Sie in diesem Fall, sich an typischen Nebensatz-Elementen zu orientieren, und zwar mithilfe

- der unterordnenden Konjunktionen und
- der Relativpronomen.

Die wichtigsten **unterordnenden Konjunktionen** sind:

nachdem	(so)dass	da	obwohl
seitdem	damit	weil	indem
als	um zu		falls
bevor			
ehe			
sobald			

Die Relativpronomen **der, die, das** (und ihre entsprechenden Fälle: dem, den, der usw.) sind durch **welcher, welche, welches** ersetzbar und so zu erkennen.
Unterordnende Konjunktionen und Relativpronomen sind die wichtigsten **„Signalwörter“,** die Ihnen einen Komma-Bedarf anzeigen. Wo eine unterordnende Konjunktion oder ein Relativpronomen auftaucht, muss in der Nähe ein Komma stehen. Falls der Relativ- oder Konjunktionalsatz in einen Hauptsatz **eingefügt** ist, sind sogar **zwei Kommas** notwendig. Wenn Sie das wissen, ist es in der Regel recht leicht, durch „inneres Vorsprechen“ des Satzgefüges die „Satzgrenze(n)“ zu finden. Dort gehört ein Komma hin.
Übungsmöglichkeiten:
Unterstreichen Sie auf einer Zeitungs- oder einer Illustriertenseite alle unterordnenden Konjunktionen. Suchen Sie dann die zugehörigen Kommas. Markieren Sie diese ebenfalls. Verfahren Sie mit den Relativpronomen ebenso.
Machen Sie diese Übung mehrmals, damit Sie eine „Antenne“ für kommaverdächtige Textstellen bekommen.

53 *Bearbeiten Sie anschließend den folgenden Text. Er enthält keine Kommas. In der ersten Hälfte (a) werden Ihnen einige Textstellen angeboten, an denen Sie überlegen sollen, ob hier ein Hauptsatz und ein Nebensatz aufeinanderstoßen oder nicht. Setzen Sie bei Bedarf ein Komma. Im zweiten Teil des Textes (b) sind solche Stellen nicht mehr markiert. Versuchen Sie selbst, kommaverdächtige Stellen zu finden, und entscheiden Sie nach der Regel: „Haupt- und Nebensatz werden durch Komma voneinander getrennt.“*

a) In Heines Gedicht … (1) erinnert sich der Mann nach einem Windstoß … (2) der durch die Lindenbäume fegt … (3) und sich wie ein ängstliches Flüstern anhört … (4) an seinen Beruf. Er ist nämlich ein Soldat … (5) der jederzeit an einen anderen Standort versetzt werden kann. Er ahnt eine solche Versetzung … (6) und befürchtet … (7) dass er dann nicht mehr mit seiner „Donna“ spazieren gehen kann.
b) Das lyrische Ich wirkt distanziert obwohl es direkt am mitgeteilten Geschehen beteiligt ist. Das Gedicht von Ulla Hahn handelt von einer Beziehung die bereits

zerstört ist. Das lyrische Ich scheint den Liebhaber nachdem die Beziehung zerbrochen ist nur noch zu hassen. Dass der Text in der Umgangssprache verfasst ist passt sehr gut zum Inhalt.

II. Unterordnende Konjunktionen und Relativpronomen sind also wichtige Indizien für die Notwendigkeit eines Kommas. Aber es gibt noch weitere kleinere Fallen, in die Sie tappen können. Einige Wörter (bis, während, seit/dem etc.), die als Konjunktion verwendet werden, können nämlich auch in anderer Funktion auftauchen. Dann verursachen sie kein Komma.
Hier müssen Sie entscheiden, ob durch die Wörter **bis, während, seit/dem** etc. ein

- ganzer Satz mit Subjekt oder Prädikat oder
- lediglich ein Satz**teil**

eingeleitet wird. Nur wenn diese Wörter einen **ganzen Satz** (definiert durch Subjekt und Prädikat) einleiten, verursachen sie ein Komma, sonst nicht.

54 *Entscheiden Sie in der folgenden Einsetzübung, ob ein Komma gesetzt wird oder nicht.*

Während des Spaziergangs … (1) kommt der Soldat ins Grübeln. Vielleicht dauert es nicht mehr lange … (2) bis zur nächsten Versetzung und damit bis zum Ende der Beziehung zu seiner „Donna". Es kann allerdings auch noch einige Zeit vergehen … (3) bis es so weit ist. Vielleicht kann man den Text aber auch anders deuten. Hat sich der Soldat … (4) während er seine „Donna" in den Armen hält … (5) innerlich bereits von ihr gelöst? Ist die Beziehung vielleicht bereits brüchig … (6) seitdem sie besteht? Ist es so, dass der Soldat … (7) seit dem ersten Zusammentreffen sozusagen falsch gespielt hat?

III. Manchmal hängen Kommaprobleme mit Problemen der Rechtschreibung und der Grammatik zusammen. Sehr oft ist dies bei dem Wort **dass/das** der Fall.
Das Wort **das/dass** kann sein:

- eine unterordnende Konjunktion, die einen ganzen Satz einleitet und die ein Komma verursacht (Schreibung immer: dass);
- ein Relativpronomen, das ebenfalls einen ganzen Satz einleitet und somit auch ein Komma verursacht (durch das Wort „welches" ersetzbar; Schreibung immer: das);
- ein Artikel (z. B.: das Haus; Schreibung immer: das), der bei einem Substantiv steht und kein Komma verursacht;
- ein Demonstrativpronomen (z. B. „Gib das mal rüber!"), das kein Komma verursacht.

55 *Setzen Sie in den folgenden Text entweder **das** oder **dass** ein. Setzen Sie zugleich die notwendigen Kommas.*

______ Gedicht ______ interpretiert werden sollte war erstens recht lang. ______ es zweitens auch noch ein ganz schwieriges metrisches Schema hatte ______ natürlich bestimmt werden sollte ______ fanden wir dann doch zu viel. Insgesamt war ______ Klausurthema so ______ der Kurs furchtbar ins Stöhnen kam und ______ bei dieser Hitze. Immerhin konnte ______ Fenster ______ wochenlang geklemmt hatte wieder geöffnet werden. Der Hausmeister hatte es wohl repariert.

Die neue Regel zur Kommasetzung vor „und“ bzw. „oder“

Die Rechtschreibreform bringt Ihnen im Bereich der Zeichensetzung klare Vorteile: Es gibt weniger Stellen, an denen Kommas gesetzt werden müssen. Sie als Schreiber können teilweise selbst entscheiden, ob Sie ein Komma setzen möchten.

Für das Komma vor „und“ bzw. „oder“ gilt folgende *neue Regel:*
Vor „und“ bzw. „oder“ wird in der Regel *kein* Komma gesetzt.
Der Schreiber *kann* aber – wie bisher – ein Komma setzen, wenn diese Konjunktionen zwei Hauptsätze oder zwei gleichrangige Nebensätze miteinander verbinden. *Ziel* einer möglichen Kommasetzung ist dabei, die Satzkonstruktion deutlicher zu machen und so eine Lesehilfe zu geben.
Ausnahme: Es *muss* nur dann ein Komma stehen, wenn nach einem eingeschobenen untergeordneten Satz mit den Konjunktionen „und“ bzw. „oder“ der übergeordnete Satz fortgeführt wird oder ein neuer übergeordneter Satz begonnen wird.
Beispiel: Er bemerkte, dass das Tier verletzt war, und näherte sich vorsichtig der Unfallstelle.

56 *Die folgenden Sätze sind ohne Kommas geschrieben. Überprüfen Sie an jeder markierten Stelle, ob ein Komma nötig bzw. als Lesehilfe sinnvoll ist, und setzen Sie dieses dann ein.*

a) Die Show misslingt … und Känsterle bekommt vor den Augen seiner Frau … und seiner Kinder einen Wutanfall.
b) Das Kind spielte mit seinem Bruder … und dessen Freund beobachtete sie genau.
c) Sie ignoriert, dass ihre alten Beziehungsmuster sich in den vier Jahren verändert haben … und scheitert deshalb in ihren Bemühungen um erneute Kontaktaufnahme.
d) Ich gehe morgen ins Schwimmbad … oder ich besuche den Zoo.
e) Rosa sagt ihrem Mann, was er noch alles erledigen muss … und sie nörgelt an ihm herum.
f) Bei Sonnenschein … oder wenn die Temperaturen über 20° C liegen , dürfen die Kinder schwimmen.
g) Häufig ergab es sich, dass sie das Kind besuchte … und dass sie bis spät am Abend zusammensaßen.

Weitere Neuregelungen

Die Kommasetzung bei Infinitivgruppen wird teilweise freigestellt.
Ein Komma *muss* aber gesetzt werden, wenn eine Infinitivgruppe

- durch ein hinweisendes Wort angekündigt wird
  (Sie bestand **darauf,** das Bild zu malen.),
- durch ein hinweisendes Wort wieder aufgenommen wird
  (Diese Reise zu machen, **das** war sein Wunsch.),
- mit „als“, „anstatt“, „außer“, „ohne“ oder „um“ eingeleitet wird
  (Sie kamen, **um** zu trainieren.),
- von einem Substantiv abhängt
  (Seinen **Vorschlag,** ins Kino zu gehen, fand sie gut.).

57 *Entscheiden Sie, ob in den folgenden Sätzen ein Komma stehen muss oder nicht.*

a) Er weigerte sich … den Raum zu verlassen.
b) Sie hatte keine Lust … mit ihm zu schwimmen.
c) Mit einer ganzen Gruppe schwimmen zu gehen … das macht meistens großen Spaß.
d) Daran … den Geburtstag zu feiern … dachte keiner mehr.
e) Er ging ins Haus … um Geld zu holen.
f) Die Männer befürchteten … den Kampf gegen das Hochwasser zu verlieren.
g) Ihr Interesse bestand darin … schnell nach Amerika auszureisen.

58 *Prägen Sie sich die folgenden Regeln ein. Entscheiden Sie dann, ob in den folgenden Sätzen ein Komma stehen muss oder nicht.*

Regeln:
1. Nachgestellte genauere Bestimmungen wie **„nämlich …“**, **„und zwar“**, **„insbesondere …“**, **„d. h. …“** und **„z. B. …“** werden durch Komma abgetrennt oder, falls der Satz weitergeführt wird, in Kommas eingeschlossen.
2. Vor *entgegensetzenden* Konjunktionen wie **„aber“**, **„sondern“** und **„(je)doch“** steht immer ein Komma, wenn sie zwischen gleichrangigen Wörtern oder Wortgruppen stehen.
3. Kein Komma steht vor *anreihenden* bzw. *vergleichenden* Konjunktionen, wenn sie eng zusammengehörige *Satzteile* verbinden. Solche Bindewörter sind z. B.: **„sowie“**, **„wie“**, **„sowohl – als auch“** und **„weder – noch“**.

a) Zu dieser Zeit haben einige Dorfbewohner die Nerven verloren … zum Beispiel der junge Dreesen.
b) Einige … z. B. der junge Dreesen … verlieren ihre Nerven.
c) Er kennt weder seinen Namen … noch seine Anschrift.
d) Der Vater wirkt vernünftig … aber auch unsicher.
e) Dreesen fuhr so schnell … wie er konnte.
f) Er fühlte sich so groß … wie ein Riese.

Anführungsstriche bei Titelangaben

Beachten Sie, dass in Ihren Texten Titel von Büchern oder Aufsätzen in Anführungsstriche gesetzt werden müssen.

59 *Verbessern Sie den folgenden Satz:*

In ihrem Buch die letzten Kinder von Schewenborn beschäftigt sich Gudrun Pausewang mit den Folgen eines Atomkrieges.

2.6 Zitate

Zitate erfüllen eine wichtige Aufgabe. Bei Textanalysen, Interpretationen usw. leisten sie das, was in der Mathematik z. B. der „Beweis" leisten muss: Sie weisen nach, dass ein Interpretationsansatz haltbar ist, dass er sich auf den zu bearbeitenden Text stützen kann. Da Zitate Beweischarakter haben, dürfen sie in ihrem Wortlaut nicht verändert werden; selbst Konjugations- oder Flexionsendungen dürfen nicht einfach abgeändert werden.
Zitate sollten nicht zu umfangreich sein. Das Abschreiben ganzer Textabschnitte zeigt nicht, dass man diesen Text verstanden und verarbeitet hat. Dieser Nachweis gelingt eher, wenn man Kernaussagen des zu analysierenden Textes in eigene, erläuternde Sätze einfügt.
Zitate müssen so umfangreich sein, dass sie für den Leser verständlich sind. Nicht nur den Anfang eines Zitats hinschreiben und annehmen, dass der Leser sich auf der angegebenen Seite schon weiter informieren wird!

Freischwebende Fetzen – unvollständige Syntax vermeiden

Viele ungeübte Schreiber nehmen Zitatfetzen in ihre Texte auf, ohne dass sie syntaktisch mit der übrigen Aussage verbunden sind. Zitate sollten aber in die eigenen Sätze des Schreibers so eingefügt werden, dass sich keine syntaktischen Brüche ergeben.
Beispiel: Am Anfang der Geschichte flüchtet sich der Familienvater vor den Fernseher; hier ist „Känsterle abwesend" (Z. 12).

60 *Die folgenden Zitate stammen aus der Geschichte „Känsterle" (S. 20). Bringen Sie diese auf einem Blatt Papier so mit den zugeordneten analysierenden Aussagen zusammen, dass sich jeweils ein sinnvoller Zusammenhang ergibt. Dabei müssen Sie nicht immer alle Wörter des Zitats verwenden. Machen Sie mehrere Versuche.*

Zitat	**analysierender Satz**
a) (Rosa, nachdem ihr Mann polternd die Treppe heruntergefallen ist:) „Oh! Jetzt hat sicher der Nikolaus angeklopft!"	Rosa, die Ehefrau, deutet manche Situation falsch, da sie nur auf ihre eigenen Vorstellungen konzentriert ist.
b) „Zieh den Bart zurecht, die Kinder kommen."	Selbst als ihrem Mann ein Unglück zugestoßen ist, reagiert sie nicht mit Verständnis und Hilfsangeboten, sondern mit herrischen Befehlen.
c) … reißt Rosas Lieblingsstück, einen Porzellanpfauen, von der Kommode … Dann fliegt der Gummibaum samt Topf durch ein Fenster … „Er schlachtet die Buben ab!"	Känsterle zerstört Lieblingsobjekte seiner Frau; diese aber behauptet, die Kinder seien in Gefahr.
d) Ein kalter Wind …	Zum Schluss wird etwas erwähnt, mit dem der Autor das Klima in dieser Familie kennzeichnen will.

61 *Ändern Sie die folgenden Konstruktionen so ab, dass sich vollständige und grammatisch korrekte Sätze ergeben. Dabei müssen Sie nicht unbedingt alle zunächst angegebenen Zitat-Wörter verwenden. (Die Zitate stammen ebenfalls aus der Geschichte „Känsterle".)*

a) Känsterle soll nach Ansicht seiner Frau mehr für die Familie tun, z. B. „musst du unbedingt die Winterfenster streichen".

____

____

b) „... und versetzt Rosa eine Backpfeife." Erst am Ende der Geschichte geht Känsterle also aus sich heraus.

____

____

c) Der Familienvater („Känsterle gehorcht") kann seiner Frau nicht viel entgegensetzen.

____

____

Seiten- und Zeilenangaben machen

Achten Sie darauf, dass Sie dem Leser Ihres Textes die Möglichkeit geben, Zitate rasch zu überprüfen. Dazu sollten Sie nach jedem Zitat eine Seiten- bzw. Zeilenangabe machen. Solche Angaben werden in Klammern gesetzt.
Haben sie ein Zitat mitten im Satz platziert, kann die Klammer mit der Zeilen- bzw. Seitenangabe den Lesefluss stören. In diesem Falle können Sie sie am Satzende unterbringen.

Zeichensetzung beachten

Wenn Sie Zitate verwenden, sollten Sie die folgenden Satzzeichen benutzen:

„" Zitierte Sätze, Teile von Sätzen oder Wörter, die dem Original ohne jede Änderung entnommen sind, stehen in Anführungsstrichen.

[...] Manchmal entnehmen Sie dem Original eine Textpassage, von der Sie jedoch nicht alle Wörter gebrauchen. Sei es, weil diese komplett nicht in den von Ihnen angefangenen Satz hineinpassen würden, sei es, weil Sie nur die Kernaussage eines Satzes, z. B. den Hauptsatz, zitieren möchten. In diesem Fall lassen Sie ein Wort oder mehrere Wörter aus und setzen an diese Stelle drei Pünktchen in Klammern, um die Auslassung anzuzeigen. Am Ende oder am Anfang von Zitaten sind solche Pünktchen nicht notwendig.

[ ] Ebenso kann es passieren, dass Sie ein Wort oder einen Endungsbuchstaben hinzufügen müssen, um das ausgewählte Zitat für ihren Satz passend zu machen. In diesem Fall müssen Sie den Zusatz in Klammern setzen. Oft sollten Sie solche Veränderungen allerdings nicht vornehmen.

Die inhaltliche Aussage des Zitats darf weder durch einen Zusatz noch durch Auslassung verfälscht werden.

( ) Die Zeilen- bzw. Seitenangabe, die auf das Zitat folgt, steht ebenfalls in Klammern.
Bei einem Satz, der mit einem Zitat endet, folgt der Punkt erst nach der in Klammern gesetzten Zeilen- bzw. Seitenangabe.

Beispiel:
Am Anfang teilt der Erzähler mit, Känsterle sei ein „einfache[r] Schlosser“ (Z. 1).

Der Ursprungssatz lautete:
Wallfried Känsterle, der einfache Schlosser, sitzt nach Feierabend vor dem Fernsehschirm.

62 *Setzen Sie die Satzzeichen, die im Zusammenhang mit einem Zitat anfallen! (Die Zitate sind unterstrichen.)*

a) Frau Känsterle erklärt, es sei kalt draußen Z. 7

____

b) Känsterle beugt sich etwas näher zum Schirm Z. 16 und reagiert nicht auf das, was seine Frau sagt.

____

63 *Berichtigen Sie den Zeichensalat in den unterstrichenen Satzelementen!*

a) Frau Känsterle sagt stichelnd zu ihrem Mann, Herr Hansmann, ein anderer Hausbewohner, sei ein ordentlicher Mann …’ (Z. 19)

____

b) Schließlich drückt Känsterle: „auf die Taste ‚Aus’;“ Zeile 23

____

Verweise als Zitatersatz

Manchmal gelingt es nicht, Zitate sinnvoll in die eigenen Sätze einzubauen. In diesem Fall können Sie – statt eines Zitats – die Textaussage in eigenen Worten wiederholen. Dies ist auch dann sinnvoll, wenn Sie ein sehr langes Zitat abschreiben müssten, dessen Aussage sich gut zusammenfassen lässt. Anführungsstriche entfallen in diesem Fall. Wie beim Zitat sind Sie jedoch gehalten, in Klammern den Fundort des entnommenen Gedankens genau anzugeben, allerdings mit dem Zusatz „vergleiche“:

Zitat:	(Z. 3 f.)	oder	(S. 12)
Verweis:	(**vgl.** Z. 3 f.)	oder	(**vgl.** S. 12)

3. Wie formuliere ich bessere Texte? – Planvoll schreiben

Die bisherigen Übungen in diesem Buch zu Rechtschreibung, Zeichensetzung, Grammatik und Stilistik haben Sie hoffentlich schon mit Spaß und Gewinn bewältigt. In dem jetzt folgenden Kapitel wollen wir Ihnen einen weiteren Einblick in das **Know-how des Schreibens** geben.

Was fällt Ihnen bei der Überschrift „Texte planvoll schreiben" ein?

Ganze Schülergenerationen – vielleicht auch Sie? – denken dabei etwa an die Strukturierung einer Klausur nach dem Schema: Einleitung – Hauptteil – Schluss. Oder Ihnen fällt vielleicht ein, welche besonderen Aufbaukriterien für eine Textanalyse oder eine Erörterung gelten. Diese im Einzelfall sicherlich sehr brauchbaren Schreibhilfen sollen aber nicht im Zentrum unserer Übungen stehen. Wir wollen vielmehr das Thema „Texte schreiben" bei der Wurzel packen. Der Wissenschaftler Gerhard Augst gibt im Folgenden dazu eine Erfahrung wieder, die Sie vielleicht auch schon gemacht haben: „Während viele Menschen beim Lesen [...] auf die Dauer oft eine ebenso große Routine wie beim Zuhören erlangen, trifft dies für das Schreiben nicht zu. Es hat einen ausgesprochenen Arbeitscharakter; ja, für die allermeisten Menschen ist es Schwerstarbeit. Liegt es nur daran, dass wir es – im Vergleich zum Reden – ganz einfach zu wenig üben? Zum Teil: Warum sollte es dem Schreiber anders gehen als dem Gefäßchirurgen, dem Pianisten oder dem Tennisspieler? Bei ihnen macht sich fehlende Übung ziemlich bald bemerkbar. Das ist es aber nicht allein. [...] Mündliche Kommunikation in ihrer typischen Form, dem Dialog, ist immer eine Gemeinschaftsleistung von Sprecher und Hörer, die ja in ihren Rollen wechseln; beim Schreiben ist der Einzelne meist auf sich allein gestellt und der Leser fern. [...] Da hilft keine Mimik, keine Gestik und auch nicht das Zeigen: Nur der Text zählt. Dabei hat der Schreibende gegenüber dem Sprechenden aber auch einen sehr großen Vorteil: Er kann in der Mehrzahl der Fälle die Schreib‚arbeit' zeitlich zerdehnen, ja, die einzelnen Teilhandlungen analytisch trennen und nacheinander abarbeiten."[1]

Schreibt man Texte, muss man also Folgendes berücksichtigen:

- Schreiben ist ein schwieriger und komplexer Vorgang.
- In der Schule wird oft viel zu wenig Wert auf die Erlangung von **Schreibroutine** und **Schreibfertigkeiten** gelegt, da viele noch immer zu Unrecht glauben, dass z. B. in der Oberstufe das Schreibenlernen kein Thema mehr sein sollte.
- Wollen Sie zum routinierten Schreiber werden, sollten Sie die verschiedenen **Teilprozesse des Schreibens (Schreibplanung, Formulierung, Textüberarbeitung)** kennenlernen und einüben.

1 Augst, Gerhard, in: Der Deutschunterricht, Heft 3, Juni 1988, S. 52

Schreibplanung

Im Folgenden wollen wir Ihnen am Beispiel einer Analyse einer Kurzgeschichte den Weg für eine gezielte Schreibplanung zeigen. Natürlich ist dieser Weg auf Schreibaktivitäten zu anderen Themenbereichen übertragbar.

3.1 Textvorlagen bearbeiten

Sie erhalten in einer Klausur folgende Aufgabenstellung:

Analysieren Sie die vorliegende Kurzgeschichte. Gehen Sie dabei insbesondere auf die erzählerischen Mittel des Autors ein.

Bevor Sie überhaupt ans Schreiben denken können, sollten Sie sich intensiv mit dem vorgelegten Text, in diesem Fall mit der Kurzgeschichte, befassen. Nur durch eine gewissenhafte Bearbeitung des Textes legen Sie den Grundstein für spätere erfolgreiche Schreibaktivitäten. Zur systematischen Bearbeitung der Textvorlage schlagen wir Ihnen folgende Arbeitsschritte vor:

1. Arbeitsschritt: Lesen und erste Markierung des Textes

64 *Lesen Sie die Kurzgeschichte auf S. 20.*
Markieren Sie dabei mit einem Stift Textstellen, die
- *Ihnen besonders wichtig für das Textverständnis erscheinen,*
- *Ihnen unverständlich sind,*
- *Sie besonders überzeugen.*

Bevor Sie beginnen, lesen Sie bitte die beiden Tipps zu diesem Arbeitsschritt.

Tipp 1

Wie liest man richtig und effektiv?

In der Praxis hat sich gezeigt, dass es für manche Schreiber sinnvoll ist, in einer ersten Phase den Text nur zu lesen, um sich einen Überblick über seinen Inhalt zu verschaffen. Erst in der zweiten Phase wird dann mit Textmarkierung, Stichwortzettel oder Gliederung gearbeitet. Andere Schreiber greifen schon beim ersten Lesen zum Stift, um Anmerkungen zum Text zu machen. **Bei kurzen Texten,** z. B. Gedichten, ist sicherlich ein erstes Lesen ohne zusätzliche Aktivitäten sinnvoll. **Bei längeren Texten** ist es aus Zeitgründen (bei Klausuren hat man meist wenig Zeit!) besser, bereits beim ersten Lesen Textmarkierungen vorzunehmen: Sie sind dann von Anfang an „gezwungen", sehr aufmerksam zu lesen und mitzudenken. Dies erhöht Ihr Verständnis des Textes.

Tipp 2

Wie markieren Sie Ihren Text richtig?

- **Markieren Sie stets sehr sparsam,** da sonst der Sinn der Markierung, das Hervorheben wichtiger Textstellen, verlorengeht!
- **Verwenden Sie möglichst immer das gleiche Markierungssystem!** Nur so bekommen Sie die nötige Routine beim Markieren!
- **Markierungszeichen für wichtige Textstellen** können z. B. sein:
  - Unterstreichungen im Text für wichtige Signalwörter,
  - Anstreichungen am Rand zur Kennzeichnung wichtiger Sätze oder längerer wichtiger Passagen,
  - Pfeile zur Verknüpfung gedanklich zusammenhängender Textteile.
- **Markierungszeichen für Ihre Bewertung des Textes** können z. B.:
  - durch Einkreisung im Text ( ) und Fragezeichen am Rand (?) auf eine unklare, zweifelhafte Textstelle hinweisen,
  - durch Einkreisung im Text ( ) und Ausrufezeichen am Rand (!) eine besonders überzeugende Aussage markieren.

Vergleichen Sie Ihre Markierung mit dem Beispiel auf S. 12 f. des Lösungshefts!

2. Arbeitsschritt: Schwierige Textstellen klären

Klären Sie die Textstellen, die Sie mit einem Fragezeichen versehen haben. Beachten Sie die beiden folgenden Tipps.

Tipp 1

Sind Ihnen im Text verwendete Fachausdrücke oder Fremdwörter unbekannt, schauen Sie nach, ob die Wörter auf dem Aufgabenblatt Ihrer Klausur erklärt sind, oder schlagen Sie im Wörterbuch zur Rechtschreibung (Klausur), in einem Fremdwörterbuch oder Lexikon die Bedeutung dieser Begriffe nach! Notieren Sie die „Übersetzung" der Begriffe am Rand des Textes!

Tipp 2

Verstehen Sie einen ganzen Satz nicht, lesen Sie den gesamten Abschnitt, in dem dieser Satz steht, noch einmal ganz langsam und intensiv durch! Meistens klärt sich durch konzentriertes Lesen schon vieles.

3.2 Schreibziele klären

Zur Feinarbeit der Textbearbeitung, die jetzt beginnen kann, ist es unbedingt erforderlich, dass Sie sich die konkrete Aufgabenstellung genau vergegenwärtigen. So einfach diese Anforderung auch klingen mag, in Wirklichkeit erweist sich die Klärung der Schreibziele als gar nicht so leicht.
Damit Sie bei zukünftigen Schreibaufgaben die Klärung der Schreibziele systematisch angehen können, möchten wir Ihnen einige zentrale Aspekte zur Klärung der Schreibziele nennen:

1. **Die Adressatenfrage:** An wen richtet sich mein Text?
2. **Die Textsortenfrage:** Welche Art von Text will/soll ich schreiben? Welche inhaltlichen und formalen Anforderungen muss ich bei einer bestimmten Textsorte beachten?
3. **Die Inhaltsfrage:** Welche Inhalte soll/will ich in dem Text ansprechen, bearbeiten, klären? Welche Bearbeitungsschwerpunkte sind in der Aufgabenstellung formuliert?

65 *Stellen Sie sich vor, Sie möchten einen Text für die Schülerzeitung zum Thema „Klausurenstress" schreiben. Füllen Sie für einen solchen Text die folgende Schreibzielübersicht aus.*

1. **Adressat:** Der Text richtet sich an

____

2. **Textsorte:** Als Textsorte für meinen Artikel wähle ich

____

3. **Inhalte:** In meinem Artikel will ich Folgendes thematisieren:

____

____

____

____

66 *Notieren Sie die Schreibziele für die folgende Erörterungsaufgabe in einer Deutsch-Klausur (die* ***textgebundene Erörterung*** *kennen Sie sicherlich als einen Aufgabentyp bei Deutsch-Klausuren):*

a) Analysieren Sie die Äußerungen von Gerhard Augst auf S. 71 dieses Buches!
b) Erörtern Sie die Positionen von Augst zur Schreibproblematik auf dem Hintergrund Ihrer Schreiberfahrungen!

1. **Adressat:** Die Erörterung richtet sich an

____

Um adressatengerecht zu schreiben, muss ich beachten

2. **Textsorte:** Die vorgegebene Textsorte ist

Die Anforderungen dieser Textsorte bestehen in

3. **Inhalte:** In dem Text soll inhaltlich geklärt werden

67 *Bearbeiten Sie bitte jetzt wieder die Aufgabe Nr. 64 zur Kurzgeschichte „Känsterle" (Text S. 20).*

Diese Aufgabe ist ein Beispiel für die in der Schule sehr häufig geforderte Aufgabenart der **Analyse eines fiktionalen Textes.**

Notieren Sie bitte im Folgenden die Schreibzeile dieser Analyse-Aufgabe. Beachten Sie die Aufgabenstellung genau.

1. **Adressat:** Die Analyse richtet sich an

Um adressatengerecht zu schreiben, muss beachtet werden:

2. **Textsorte:** Die geforderte Textsorte ist

Die Anforderungen dieser Textsorte sind

3. **Inhalte:** Inhaltlich ist zu klären

____

____

Tipp

Die Analyse eines literarischen Textes und die textgebundene Erörterung sind die häufigsten Aufgabentypen in Deutsch-Klausuren der Oberstufe. **Deshalb sollten Sie sich vor jeder Klausur die Anforderungen dieser Aufgabenarten genau vergegenwärtigen,** indem Sie sich die Informationen der beiden folgenden Tabellen einprägen. Sie stellen im Überblick Schreibziele bzw. Schreibanforderungen bei Analyse und Erörterung in prägnanter Form dar.

Beachten Sie bei einer Analyse:	
Adressat	*Anforderungen/inhaltliche Schwerpunkte*
ein nicht informierter Leser	Teil 1 der Analyse: **Einleitung** • Hinweise zu Autor, Titel, Entstehungszeit und Thema des Textes geben • ersten Eindruck des Textes festhalten
deshalb: keine Textinformationen voraussetzen	Teil 2 der Analyse: **Textbearbeitung** • inhaltliche Schwerpunkte des Textes darstellen • die Textentwicklung deutlich machen • eigene Formulierungen wählen, Präsens verwenden
eigene Ausführungen so darstellen, dass ein fremder Leser den Gedankengang nachvollziehen kann	Teil 3 der Analyse: **die eigentliche Analyse** • inhaltliche Schwerpunkte der Analyse benennen und damit als Orientierung für den Leser offenlegen • Analyse entsprechend dieser Schwerpunkte strukturiert durchführen • Analysen durch Textzitate belegen • bei der Textanalyse immer auf inhaltliche **und** formale/ sprachliche Besonderheiten des Textes achten • den Text eventuell in einen größeren Gesamtzusammenhang einordnen (z. B. in das Gesamtwerk des Autors, in die Epoche) • auf die konkrete Aufgabenstellung achten: Oft sind Analyseschwerpunkt vorgegeben, z. B. durch Formulierungen wie: „Berücksichtigen Sie bei Ihrer Analyse besonders …“ • bei der Benennung der sprachlichen Mittel des Textes immer auch deren Funktion angeben

Beachten Sie bei einer textgebundenen Erörterung:	
Adressat	*Anforderungen/inhaltliche Schwerpunkte*
ein nicht informierter Leser deshalb: keine Textinformationen voraussetzen	Teil 1: **Analyse des vorgelegten Textes** • keine Wertungen im Analyseteil der Erörterung vornehmen • Problemstellung des Textes kurz belegen • Hauptthesen des Textes benennen und ihren gedanklichen Zusammenhang aufzeigen • die Argumentationsstruktur des Textes erläutern (z. B.: Wie stützt der Autor seine Thesen: durch anschauliche Beispiele? durch Verweis auf wissenschaftliche Autoritäten?)
die Bewertung des vorgegebenen Textes so darstellen, dass die Gründe für die Stellungnahme auch von einem fremden Leser nachzuvollziehen sind	Teil 2: **Auseinandersetzung mit den Positionen des Textes/ begründete Stellungnahme zum Text** • Ziele: kritische Auseinandersetzung mit dem vorgelegten Text/begründete Stellungnahme zum Text (Zustimmung oder Ablehnung) • bei Zustimmung zum Text oder zu Teilen des Textes: – die Plausibilität der Denkweise des Autors belegen – eigene Erfahrungen aufzeigen, die die Sichtweise des Autors stützen – auf andere Autoren/Wissenschaftler hinweisen, die ähnliche Positionen beziehen • bei Ablehnung des Textes bzw. einiger Textthesen: – die Stimmigkeit der Argumentation überprüfen und sie ganz oder in Teilen in Frage stellen – eine Gegenposition zu den wichtigen Thesen des Textes entwickeln durch Verweis auf eigene Erfahrungen und Kenntnisse und Einbezug anderer Texte zum Gegenstand der Erörterung • die Stellungnahme zum Text auf die zentralen Thesen beziehen • die Stellungnahme durch Einbezug im Unterricht behandelter Texte zum gleichen Thema stützen (deshalb: Vor jeder Klausur wichtige Thesen dieser Texte einprägen!)

Hinweis

Diese Tabellen können Sie nach Bedarf durch Bearbeitungsaspekte ergänzen, die Sie im Unterricht vielleicht zusätzlich besprochen haben.

3.3 Schreibplan entwerfen

Durch die Erarbeitung der Schreibziele im vorigen Kapitel haben Sie die Grobstruktur für einen Schreibplanentwurf bereits entwickelt. Jetzt geht es um die genauere inhaltliche Füllung Ihrer Schreibziele.

Tipp

Wir empfehlen Ihnen, für einen Schreibplanentwurf ein leeres DIN-A4-Blatt im Querformat zu verwenden, die Schreibziele darauf in tabellarischer Form aufzulisten und im Weiteren jede „Schreibziel-Spalte" systematisch inhaltlich zu füllen. Notieren Sie dabei Ihre Vorstellungen in Stichworten!
Für die Analyse der Kurzgeschichte „Känsterle" können Sie die **Schreibplanübersicht** auf der folgenden Seite verwenden.

Schreibplan für die Analyse der Kurzgeschichte „Känsterle“ von Rainer Brambach

Adressat der Schreibaufgabe:

geforderte **Textsorte:**

1. Einleitung	**2. Textbeschreibung**	**3. Textanalyse** **a) zentrale Aussagen des Textes/Untersuchungsschwerpunkte**	**entsprechende Zeilenangaben**	**b) formale Gestaltung des Textes**	**Schwerpunkt erzählerische Mittel und ihre Funktion**

c) Besonderheiten des Textes/sonstige Aspekte

Praktische Übung:
Schreibplanentwurf zur Kurzgeschichte „Känsterle“

Für Ihren Schreibplanentwurf zur Kurzgeschichten-Analyse müssen Sie natürlich die Kurzgeschichte noch weiter bearbeiten.

68 Gehen Sie am besten folgendermaßen vor:

1. *Tragen Sie den* ***Adressat des Textes*** *und die geforderte* ***Textsorte*** *in Ihren Schreibplan ein.*
2. *Nehmen Sie sich dann die* ***Schreibziele „Einleitung“*** *und* ***„Textbeschreibung“*** *vor. Lesen Sie die Kurzgeschichte unter diesen Aspekten nochmals. Notieren Sie auf Ihrer Schreibplanübersicht in den entsprechenden Spalten in eigenen Worten Kernpunkte/Gliederungspunkte für Ihre Einleitung und Ihre Textbeschreibung.*

In der Spalte „Einleitung“ sollten Sie Ihren ersten Texteindruck notieren und weitere sinnvolle einführende Informationen (z. B. zu Autor, Zeit, historischem Kontext) festhalten.
Bei der Planung der Textbeschreibung können Sie sich oft an den im Text vorhandenen Abschnitten orientieren: Nach jedem größeren Textabschnitt sollten Sie stichwortartig eine kurze Zusammenfassung des Abschnitts auf Ihrem Schreibplan notieren! Führen Sie dieses Verfahren konsequent durch, haben Sie am Ende dieses Lesevorgangs Ihre Inhaltszusammenfassung schon in Stichworten vorliegen.

Kernpunkte für die Textbeschreibung der Kurzgeschichte könnten sein:
Thema der Kurzgeschichte:
beteiligte Personen:
Ort des Geschehens:
Entwicklung des Geschehens:
Schluss der Kurzgeschichte:

3. Wenn Sie die Vorarbeiten für die Einleitung und die Textbeschreibung erledigt haben, machen Sie bitte den nächsten Schritt:
Lesen Sie die Kurzgeschichte nun unter dem Aspekt „Textanalyse“.
Notieren Sie während des Lesens auf Ihrem Schreibplan unter dem Stichwort ***„zentrale Aussagen des Textes“*** *in eigenen Worten Ansätze zur Deutung des Textes. Ordnen Sie als Vorbereitung für das spätere Schreiben Ihrer Analyse den Deutungsansätzen* **Textstellen mit Zeilenangabe** *zu, die diese Deutungen belegen.* (Die Unterstreichungen und Anmerkungen, die Sie beim ersten Lesen der Kurzgeschichte gemacht haben, können Sie jetzt gut zur besseren Orientierung verwenden!)

Analyseschwerpunkte können z. B. sein:
- Charakterisierung der beteiligten Personen
- Deutung der Handlungsentwicklung
- Beziehungen zwischen den Personen
- Autorintention

4. Die **formale Gestaltung der Kurzgeschichte** haben Sie bisher wahrscheinlich kaum berücksichtigt. Da aber in der Bearbeitung der erzählerischen Mittel des Textes ein wichtiges Schreibziel liegt, müssen Sie im Folgenden auch diesen Aspekt noch beachten.
Lesen Sie also den Text ein letztes Mal intensiv durch und markieren Sie auffällige formale Gestaltungsmittel.

Hierbei verwenden Sie am besten eine ganz andere Markierungsform, um diese Markierungsebene deutlich von der bisherigen Textbearbeitung zu trennen: Haben Sie bisher mit Kugelschreiber oder Bleistift gearbeitet, verwenden Sie jetzt z. B. einen farbigen Marker.
Übertragen Sie nach beendeter Markierung in einem zweiten Schritt Ihre Ergebnisse zum Aspekt „formale Gestaltung des Textes" auf den Schreibplan. Ordnen Sie Ihre Beobachtungen den Spalten „formale Gestaltung des Textes" oder speziell der Spalte „erzählerische Mittel" zu.
Dabei sollten Sie auf Ihr Fachwissen zurückgreifen, um die gefundenen formalen Gestaltungsmittel zu ordnen und ihre Funktion anzugeben.

5. *Ergänzen Sie noch eventuell vorhandene **Lücken auf Ihrem Schreibplan.** Notieren Sie – falls noch nicht geschehen – in der letzten Spalte Auffälligkeiten im Text, die Sie anderen Spalten nicht zuordnen können.*
Damit Sie nach getaner Arbeit zumindest Anhaltspunkte haben, ob Sie mit Ihrer Gestaltung des Schreibplans richtig liegen, haben wir für Sie im Lösungsheft auf S. 18 dargestellt, wie eine Schreibplanübersicht aussehen könnte.

Während des Schreibens weiterplanen
Jeder weiß aus eigener Erfahrung, dass ein Schreibvorgang seine Eigendynamik entwickeln kann. Vielleicht haben auch Sie schon erlebt, dass einige gute Gedanken erst beim Schreiben auftauchen oder dass Sie erst durch das Schreiben zu wirklich klaren inhaltlichen Positionen kamen. Diese Schreiberfahrung zeigt, dass uns oft **erst das schriftliche Fixieren von Gedanken zu einer wirklich tiefen und konzentrierten Beschäftigung mit einem Thema zwingt.** Erst bei der schriftlichen Formulierung entdecken wir manchmal die „Knackpunkte" in einer Argumentation, erkennen Widersprüche in einem vorgegebenen Text usw.
Welche Konsequenzen haben solche Erfahrungen für den Stellenwert der vorgestellten Schreibplanung? Mindern sie etwa die Bedeutung von Schreibplanung?

Dazu einige Überlegungen:
a) Das Notieren eines Schreibplans zwingt zu einer **Verschriftlichung der Gedanken bereits bei der Planung** des Schreibprodukts. Dadurch bekommen Sie die Möglichkeit, bereits im Vorfeld des Schreibens viele Schreibprobleme zu lösen, denn Korrekturen sind hier noch viel einfacher zu bewerkstelligen, als wenn Sie einen Fehler erst mitten im Schreibvorgang erkennen.
b) Ein **Schreibplan ist nicht unumstößlich.** Ergeben sich während des Schreibens neue Überlegungen, sollte der Schreibplan entsprechend ergänzt oder verbessert werden. Die Konsequenzen einer solchen Änderung sind allerdings viel besser zu überschauen, wenn ein schriftlicher Schreibplan vorliegt.

c) **Schreibplanung endet grundsätzlich nicht mit dem Beginn des Schreibens.** Der Schreibplan, wie wir ihn bisher verstanden haben, versucht eine vorläufige Grobstrukturierung des Schreibvorgangs. Die Feinplanung läuft während des Schreibens ab: Wo mache ich einen Absatz? Wie formuliere ich die Einleitung? Mit welchem Zitat stütze ich meine These? usw.

Schreibforscher haben ermittelt, dass Planungsaktivitäten zwei Drittel der Schreibzeit ausmachen. Es ist also völlig normal, wenn Sie während des Schreibens häufiger kleine Schreibpausen zur Feinplanung einlegen!

„Rezepte“ zur Schreibplanung

Rezept 1:

Einen Text analysieren

1. Lesen Sie den zu bearbeitenden Text. Markieren Sie dabei Textstellen, die Ihnen wichtig, unklar bzw. besonders überzeugend erscheinen.
2. Klären Sie die „unklaren“ Textstellen. Nutzen Sie dazu Wörterbücher, Lexika etc.
3. Bevor Sie den Text intensiver lesen, vergegenwärtigen Sie sich die durch die Aufgabenstellung vorgegebenen Schreibziele.
   Notieren Sie die Schreibziele auf Ihrem „Schreibplan“-Blatt. Lassen Sie auf dem Blatt genügend Abstand zwischen den Schreibzielen, damit Sie Ihren Schreibplan später inhaltlich füllen können.
4. Lesen Sie den Text nun systematisch hinsichtlich der einzelnen Schreibziele durch. Meist müssen Sie den Text mindestens zweimal lesen, damit Sie den Überblick bekommen. Füllen Sie während des Lesens stichwortartig Ihren Schreibplan aus. Wählen Sie eigene Formulierungen für Ihre Stichworte. Stellen Sie die Bezüge zwischen Ihren Stichworten und entsprechenden Textzeilen her.
   Vervollständigen Sie die Textmarkierung hinsichtlich Ihrer Schreibziele (aber: immer sparsam markieren!).
5. Vervollständigen Sie Ihren Schreibplan, falls noch Lücken vorhanden sind.

Rezept 2:

Schreiben ohne Textvorlage

1. Notieren Sie auf dem „Schreibplan“-Zettel die durch die Aufgabenstellung (falls vorhanden) gegebenen Schreibziele, bzw. überlegen Sie sich genau, welche Ziele Sie mit Ihrem Schreibprodukt verfolgen wollen.
   Lassen Sie auf dem Zettel genügend Abstand zwischen den Schreibzielen.
2. Ordnen Sie jedem Schreibziel Stichworte zu, die das Schreibziel inhaltlich füllen. Dabei können Sie auf Ihr eigenes Wissen zurückgreifen oder je nach Schreibsituation z. B. Literatur zum Thema benutzen.
   Für diese stichwortartige Verschriftlichung Ihrer Gedanken sollten Sie sich genügend Zeit lassen.
3. Strukturieren Sie Ihren Schreibplan.
   Notieren Sie auf einem neuen Blatt, mit welchem Aspekt Sie Ihre Ausführungen beginnen wollen, welche Gedanken Sie wie aufeinander aufbauen wollen etc.

Behalten Sie bei Ihren Überlegungen immer Textsorte und Adressat Ihres Texte im Auge.

Wenden Sie diese Schreibplanungsschritte in Zukunft konsequent an. Bei entsprechender Übung haben Sie bald den Punkt erreicht, an dem die einzelnen Schritte quasi automatisiert ablaufen. Wenn Ihnen dieses Schreibplanungsverfahren jetzt noch sehr aufwändig und zeitraubend erscheint, so werden Sie sehen, dass Sie bei entsprechender Übung schnell zum routinierten Schreibplaner werden, der dann seine Schreibarbeiten schneller und effektiver als bisher erledigen kann.
Zum Schluss noch ein besonderer **Hinweis zur Zeitplanung:**
Probieren Sie diese Schreibplanung z. B. bei der Erledigung einer Hausaufgabe im Fach Deutsch in Ruhe aus. Nehmen Sie sich einfach die Zeit, die Sie benötigen.
Im Rahmen einer Klausur müssen Sie allerdings etwas mehr auf die Zeit achten. Bei einer Klausur, die Sie z. B. innerhalb von vier Schulstunden schreiben sollen, ist eine Schreibplanungszeit von etwa einer Dreiviertelstunde angemessen.

3.4 Einleitungen finden

„Aller Anfang ist schwer." So stöhnen viele Schüler, wenn es um die Eröffnung eines Textes geht.

69 *Entscheiden Sie bitte, welche der folgenden Sätze nach Ihrer Meinung als Einleitungssätze für die Textzusammenfassung der Kurzgeschichte „Känsterle" geeignet sind. Kreuzen Sie die geeigneten Sätze an.*

geeignet

- ☐ a) Der Text von Rainer Brambach befasst sich mit der Situation in der Familie Känsterle.
- ☐ b) Im Mittelpunkt der vorliegenden Kurzgeschichte steht die Beziehung zwischen Wallfried und Rosa Känsterle.
- ☐ c) Das Verhältnis zwischen Känsterle und seiner Frau ist sehr problematisch, wie man direkt am Anfang der Kurzgeschichte beim Gespräch vor dem Fernsehapparat erkennt.
- ☐ d) In der 1972 veröffentlichten Kurzgeschichte „Känsterle" will Rainer Brambach darstellen, welche Faktoren die Beziehung zwischen Känsterle und seiner Frau belasten.
- ☐ e) Mein erster Eindruck von dem Text ist folgender: Rainer Brambach will beim Leser Mitleid mit dem Schlosser Känsterle erregen.
- ☐ f) Rainer Brambach stellt am Anfang der 1972 veröffentlichten Kurzgeschichte „Känsterle" dar, wie die Hauptpersonen des Textes, Känsterle und seine Frau Rosa, kommunizieren.
- ☐ g) „Wallfried Känsterle, der einfache Schlosser, sitzt nach Feierabend vor dem Fernsehschirm." Mit diesem Satz eröffnet Rainer Brambach seine 1972 veröffentlichte Kurzgeschichte „Känsterle".
- ☐ h) In der 1972 veröffentlichten Kurzgeschichte „Känsterle" von Rainer Brambach beschäftigt sich der Autor mit Ursachen und Auswirkungen der Kommunikationsstörungen in der Familie Känsterle.

70 *Formulieren Sie im Folgenden, welchen Anforderungen ein Einleitungssatz für eine Textanalyse gerecht werden muss.*

- Der Verfasser des zu analysierenden Textes muss genannt werden.
- ______________________________
- ______________________________
- ______________________________

Damit Sie in der Formulierung von Einleitungssätzen sicherer werden, machen Sie bitte folgende Übungen:

71 *Korrigieren Sie die oben angegebenen Einleitungssätze a) und b) auf der Basis der Kriterien für Einleitungssätze.*
Notieren Sie die richtigen Sätze.

a) ____

____

____

b) ____

____

____

72 *Formulieren Sie auf einem Blatt drei verschiedene Einleitungssätze für die Analyse des Gedichts „Ab Gesang", S. 30.*

Resümee zur Formulierung von Einleitungssätzen

a) Autor, Titel, Textart und Entstehungsdatum der Vorlage müssen Sie im Einleitungssatz erwähnen.
b) Thematisch gesehen können Sie im Einleitungssatz z. B. hervorheben:
- das Thema des Textes/des Textschwerpunktes
- die mögliche Intention
- die handelnden Personen
- die Textstruktur

c) **Geübte Schreiber,** zu denen Sie sich bald auch zählen können, verfügen über sogenannte **„Textmuster",** z. B. auch für Einleitungssätze. Diese Textmuster werden je nach Bedarf nur etwas variiert.

Beispiel:
Ob Sie nun eine Kurzgeschichte, ein Drama oder ein Gedicht analysieren wollen, Sie können Ihren Textanfang – **strukturell gesehen** – ähnlich gestalten:
- In dem **1863** geschriebenen **Gedicht** mit dem Titel **„Abseits"** setzt sich **Theodor Storm** mit der Problematik … auseinander.
- In dem vorliegenden Textauszug aus dem **1884** entstandenen **Drama „Emilia Galotti"** thematisiert **Lessing** …
- In der **1972** veröffentlichten **Kurzgeschichte „Känsterle"** beschäftigt sich **Rainer Brambach** mit …

Einleitungen und ihre Fortsetzungsmöglichkeiten

Aus Ihrer Schreiberfahrung heraus wissen Sie, dass das Problem der Einleitung nicht nur bei der Formulierung des ersten Satzes des Textes auftaucht. Der Beginn der „eigentlichen Textanalyse" bereitet vielen Schülern erneutes Kopfzerbrechen.
Ein geschickt gewählter Einstieg kann das weitere Schreiben schon vorstrukturieren, ein ungünstiger Einleitungssatz kann in eine Sackgasse führen, aus der man gar nicht so leicht wieder herauskommt. Die folgenden Beispiele für Startmöglichkeiten benennen deshalb neben der Startpunktwahl auch die durch den jeweiligen Einstieg eröffneten weiteren Schreibmöglichkeiten.

So können Sie starten:

1. Der Schreiber **aktiviert sein Hintergrundwissen** zum Autor des Textes oder zur Epoche, in der der Text verfasst wurde. Auf der Basis dieser einleitenden Einführungen kommt er zum Stellenwert des Textes.
2. Der Schreiber **formuliert** seinen **ersten spontanen Eindruck vom Text.** Im Weiteren löst er sich davon, analysiert den Text systematisch und überprüft am Schluss die Richtigkeit seines ersten Eindrucks.
3. Der Schreiber **zitiert** einen seiner Meinung nach **zentralen Satz** aus dem Text. Diesen Satz nimmt er zum Ausgangspunkt für seine Textanalyse.
4. Der Schreiber nutzt die bereits in der Textzusammenfassung geleistete Strukturierung und **Gliederung des Textes** für den Aufbau der Analyse. Der Schreiber muss hierbei allerdings aufpassen, dass die Analyse entlang des Textes nicht ein bloßes Aneinanderreihen von Interpretationsdetails darstellt. Die synthetische Betrachtung der einzelnen Textteile muss auf jeden Fall durchgeführt werden.
5. Der Schreiber **bezieht sich** zunächst **unmittelbar auf die Analyseaspekte, die in der Aufgabenstellung benannt sind** oder die im Unterricht als zentrale Untersuchungskriterien z. B. für eine bestimmte Textsorte erarbeitet wurden.
6. Der Schreiber legt zu Beginn der eigentlichen Analyse seine **Analyseschwerpunkte** offen, die sich bei der Schreibplanung ergeben haben. Daraus ergibt sich zwangsläufig die inhaltliche Struktur der folgenden Analyseschritte.

73 *Formulieren Sie zwei verschiedene Einleitungssätze für die Eröffnung der eigentlichen Textanalyse der Ihnen schon gut bekannten Kurzgeschichte „Känsterle". Nutzen Sie die Informationen zu den Startmöglichkeiten.*

a) ______________________________

____

____

____

b) ______________________________

____

____

____

Welcher Satz könnte jeweils diesen Einleitungssätzen folgen?

Fortführung Satz a: ______________________________

____

____

____

Fortführung Satz b: ____

____

____

____

Tipp

Wenn Sie zu den Menschen gehören, die gerade zu Beginn des Schreibens Schreibblockaden haben, sollten Sie zwei Dinge besonders beachten:

1. Üben Sie – z. B. als Klausurvorbereitung – die Formulierung von Einleitungssätzen. Erarbeiten Sie sich Ihr **individuelles Repertoire** für Einleitungen.
2. Beginnen die Schreibprobleme im Anschluss an die Formulierung der Einleitung, empfehlen wir Ihnen folgende **Lockerungsübung fürs Schreiben:**
   Nehmen Sie ein Blatt Papier zur Hand.
   Schreiben Sie in den folgenden fünf Minuten alles auf, was der zu bearbeitende Text bei Ihnen auslöst. Das können Halbsätze, einzelne Wörter, Skizzen oder andere Notizen sein.

Schreibexperten haben festgestellt, dass dieses **vorläufige, von Schreibvorschriften losgelöste Schreiben** den Kopf des Schreibers wieder freimacht und Schreibblockaden lösen kann. Nebenbei erhalten Sie meist eine facettenreiche inhaltliche Fundgrube für Ihre Schreibaufgabe.

3.5 Gelenkstellen formulieren

In jedem Text gibt es „Gelenkstellen". Damit sind Textstellen gemeint, an denen ein neuer gedanklicher Schritt getan werden muss. Sehr oft fehlen ungeübten Schreibern an solchen Stellen die Worte. Mancher reiht dann Sätze einfach aneinander, ohne den gedanklichen Zusammenhang zweier Abschnitte genügend deutlich zu machen.
Dabei kann man z. B. bereits durch **nummerierende Floskeln** wie „Eine **zweite** These des Autors besagt ..." oder „Drittens möchte ich untersuchen ..." zu erkennen geben, dass man den Text logisch nachvollziehbar gegliedert hat.
Geübte Schreiber verwenden allerdings nicht so sehr nummerierende Floskeln oder rein **formale Überleitungen** („Um auf die Strophengestaltung zu kommen ..." oder „Nun folgt die Textbeschreibung des Gedichts ..."), sondern versuchen, inhaltliche Verknüpfungen zu finden.

Ein Beispiel:
„Die depressive Stimmung des Gedichtes drückt sich auch in Häufungen bestimmter Vokale aus ..."
Der bestimmte Artikel („die") zeigt an, dass in diesem Fall bereits im vorhergehenden Abschnitt von depressiver Stimmung die Rede gewesen ist. Dieser **Gedanke wird in den neuen Abschnitt übergeleitet.** Das „auch" deutet zugleich an, dass ein neuer Analyseschritt beginnt (Untersuchung der Lautstruktur eines Gedichtes).
Solche **„Klammersätze"** kann man bereits in der Schreibplanung vorbereiten, indem man gedanklich verknüpfbare Teilaussagen nacheinander anordnet.

74 *Prüfen Sie, wie die Autorinnen und Autoren in den folgenden Textbeispielen die gedankliche Überleitung bewältigt haben. Stellen Sie eine Rangfolge von 1 bis 5 auf: Welche Überleitungen sind am besten gelungen? Welche weniger gut?*

Rang ☐ a) ... In allen Strophen wird das jambische Versmaß durchgehalten, wobei die Versenden immer weibliche Kadenzen aufweisen.
Auch rhetorisch ist das Gedicht sehr gut durchgearbeitet. So fallen dem Leser gleich zu Beginn Alliterationen, Metaphern und Personifikationen auf.

Rang ☐ b) ... Dem Leser fällt auf, dass sehr oft der Konjunktiv gebraucht wird und dass es ein Spannungsverhältnis zwischen Wirklichkeit und zunächst irrealer Möglichkeit gibt.
Inhaltlich betrachtet beschreibt das Gedicht eine scheinbar friedliche Welt, die aber im Grunde genommen nur eine „große Mausefalle" (Z. 5) ist ...

Rang ☐ c) Dieser Wunsch nach Veränderung wird vor allem in der letzten Strophe deutlich; denn dort ist von einem Sturm die Rede, der die scheinbar schöne Welt vernichtet.
Um jetzt systematisch das Gedicht in seiner Aussageabsicht zu interpretieren, stellt man fest, dass in der ersten Strophe ein blauer Himmel erwähnt wird, der mit einer Qualle verglichen wird.

Rang ☐ d) …; denn einige Expressionisten verbanden mit dem bevorstehenden 1. Weltkrieg die Hoffnung, dass die „alte Welt" zusammenbrechen und eine neue Gesellschaft entstehen würde.
In einer abschließenden Wertung des Gedichts möchte ich einige positive, aber auch negative Gesichtspunkte anführen. Positiv ist, dass Lichtenstein …

Rang ☐ e) … Die Zeit ist reif, das von der Gesellschaft aufrechterhaltene Tabu zu brechen und es „tausendfach" zu „zerfetzen" (Z. 14).
Im Anschluss an diese Zeilen lässt sich folgende werkübergreifende Interpretationsthese formulieren: Lichtenstein benutzt sämtliche formalen Besonderheiten seines Gedichtes, um den Lesern seiner Zeit zu zeigen, dass die Gesellschaft, in der sie leben, nicht in Ordnung ist.

75 *Betrachten Sie noch einmal die weniger gelungenen Beispiele. Formulieren Sie auf einem Blatt bessere Überleitungen.*

76 *In den folgenden Auszügen aus Interpretationsaufsätzen zu dem Gedicht „Ab Gesang" von Ulla Hahn (vgl. S. 30) sind Überleitungen ausgelassen. Formulieren Sie jeweils eine formale Überleitung oder – besser – einen „Klammersatz", der eine gedankliche Verknüpfung herstellt.*

a) Das Gedicht enthält eine ganze Reihe von Doppeldeutigkeiten. In Zeile 10/11 liest man: „(…) in deinen Hosen fiel ich auf dich". Dies drückt zunächst eine körperliche Annäherung der beiden Personen aus. Zieht man jedoch das erste Wort der Zeile 12 hinzu, so ergibt sich ein ganz anderer Sinn, nämlich der, dass der Mann der Frau etwas vorgemacht hat.

____

____

____

Die Autorin hat den Satzbau fast aufgelöst. Vollständige Sätze sind auf den ersten Blick kaum zu erkennen. Die Auflösung des Satzbaus ist vermutlich absichtlich gewählt, um damit zu verdeutlichen, dass die Partnerschaft aufgelöst ist und dass es kein Zurück mehr gibt.

b) Das Gedicht handelt von einer aufgelösten Liebesbeziehung. Die Frau macht dem Mann Vorwürfe und fordert ihn auf, sich nie wieder sehen zu lassen. Sie scheint ihn jetzt, nachdem die Beziehung beendet ist, nur noch zu hassen.

____

____

____

Der Reim ist sehr unregelmäßig. In der ersten Strophe findet sich noch ein Reim nach dem Schema axxaxa. In den beiden restlichen Strophen reimen sich die Wörter am Zeilenende überhaupt nicht mehr.

3.6 Die Autorenschaft eines Gedankens eindeutig angeben

In Ihren Texten müssen **Sie** sich sehr oft mit **Gedanken anderer** auseinandersetzen und diesen gedanklichen „Dialog" **einem Dritten** mitteilen. Dies ist zum Beispiel der Fall, wenn Sie in einem von Ihnen verfassten Aufsatz vor Publikum Thesen wiedergeben, die Sie bei einem anderen Autor gefunden haben. Für eine Texterörterung trifft dies ebenfalls zu. In diesem Fall handelt es sich um dreipolige Kommunikationssituationen:

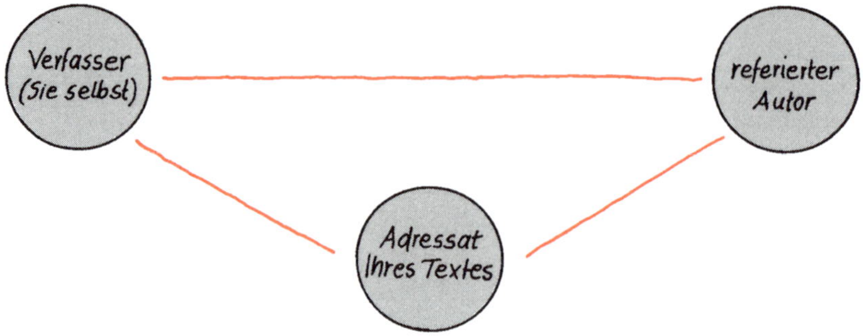

Der Adressat Ihres Textes muss in solchen Situationen jederzeit ganz eindeutig erkennen können, ob ein Gedanke von Ihnen selbst stammt oder von dem referierten Fremdautor. Sonst kann es zu schlimmen Missverständnissen kommen. Damit Ihr Adressat die Autorenschaft von Gedanken eindeutig erkennen kann, müssen Sie in Ihrem Text einige Vorkehrungen treffen.

77 *Schauen Sie sich noch einmal kurz die Geschichte auf S. 20 an. Betrachten Sie dann die folgenden Sätze aus Interpretationsaufsätzen zu dieser Geschichte. Unterstreichen Sie diejenigen Formulierungen, die für Sie als Adressaten missverständlich sind. Notieren Sie auf einem Blatt, was daran missverständlich ist.*

a) Niemand im Haus hat so schäbige Winterfenster wie die Familie Känsterle.
b) Am Ende schlachtet Känsterle die Buben ab.
c) Der Autor sagt, dass Känsterle nicht sehr gesprächig ist.

Verbessern Sie auf Ihrem Blatt die missverständlichen Formulierungen.

78 *Ordnen Sie jedem der rechten Sätze eine der angebotenen Formulierungen zu!*

Ich habe beobachtet, …
Der Autor macht deutlich, …
Der Autor sagt, …
Es ist interessant, …
Der Autor erklärt, …
Rosa behauptet, …
Meine Meinung ist, …
Der Erzähler berichtet, …

… dass Rosa ihren Mann leicht dirigieren kann.

… dass der Fensterkitt überall bröckelt/bröckele.

… dass sich Känsterle am Ende sehr elend fühlt.

Geben Sie in Ihren Texten die Gedanken anderer wieder, so können Sie dies u. a. mithilfe des **Konjunktivs der indirekten Rede** kenntlich machen. (Vgl. Sie S. 45!)
Oft müssen zusätzliche, **die Autorenschaft klärende Formulierungen** wie

„Der Autor vertritt die Meinung, dass …“
„Der Erzähler charakterisiert Känsterle als einen …“
„Meiner Meinung nach will der Autor hier …“

hinzukommen, damit der Adressat Ihres Textes zwischen der Mitteilung Ihrer Gedanken und der Darstellung von **Fremd**äußerungen unterscheiden kann. Um Wiederholungen zu vermeiden, benötigen Sie in solchen Texten oft viele Formulierungen. Vgl. Sie dazu die Wortliste im Abschnitt „Variation des Ausdrucks bei ‚sagen‘ (S. 32)!

79 *Schreiben Sie einen Text, der möglichst alle*

- *direkten, vom Erzähler oder von Rosa geäußerten Charakterisierungen der Figur des Känsterle wiedergibt, die Brambach in seiner Geschichte verwendet hat, und der auch*
- *von Ihnen formulierte charakterisierende Sätze enthält. Machen Sie dabei jeweils die Autorenschaft des Gedankens genügend deutlich.*

Auf den Seiten 34, 42, 48, 53, 56, 64 f. und 89 finden Sie analytische Äußerungen über das Gedicht „Ab Gesang“ von Ulla Hahn (S. 30). Machen Sie sich über diesen Text ebenfalls Gedanken. Stellen Sie aus den eigenen und den Gedanken anderer schriftlich eine Analyse zusammen, aus der die Autorenschaft der einzelnen Aussagen klar erkennbar ist.

4. Wie komme ich zum fehlerfreien Text? – Texte überarbeiten

Vermutlich haben auch Sie von Ihren Lehrern schon häufig den Tipp bekommen, in der letzten halben Stunde vor Abgabe einer Klausur Ihren Text nochmals zu lesen und letzte Korrekturen anzubringen. Erfahrungsgemäß nehmen sich viele Schüler hierzu keine Zeit oder verbessern ihren Text nur so geringfügig, dass sich das erneute Lesen kaum lohnt.
Welchen Stellenwert die Verbesserung eines Schreibprodukts tatsächlich haben sollte und wie Sie die letzte halbe Stunde vor Abgabe einer Klausur für effektive Verbesserungen nutzen können, möchten wir Ihnen an zwei Beispielen deutlich machen:

1. Beispiel:
Für Schreibprofis wie Schriftsteller oder Journalisten gehört die Textüberarbeitung zum alltäglichen Tun. Bevor sie ihre fertigen Schreibprodukte aus der Hand geben, haben sie während des Schreibens viele Korrekturen und Überarbeitungen vorgenommen. Viele Schreibprofis stellen den Sinn des in der Schule oft geforderten Schreibens „aus einem Guss“ sogar in Frage.

2. Beispiel:
Ganz offensichtlich hat sich der Verfasser dieses Textauszuges um eine Überarbeitung seiner Klausur (Deutsch-Leistungskurs) bemüht.

> In der dritten Strophe bemerkt Kunert das
> sich alles [Dinge] in ~~seinem~~ [ihrem] Wesen ~~v~~ wandelt, wenn
> ~~d~~ ~~er~~ [sie] den Wechseln der Jahreszeiten und der
> Witterung unterworfen ~~ist~~ [sind]. ~~Durch die~~ Mit der
> Verwendung des ~~Wortes~~ Ausdrucks Wesen ~~p~~ ver-
> menschlicht er alle Dinge, er personifiziert sie.
> Bei der bisherigen Art die Gegenstände ~~zu~~ mit
> menschlichen Attributen zu belegen wirkt die
> letzte Zeile der dritten Strophe wie eine gewollte
> Dissonanz. Auf die ~~Personierung~~ [Vermenschlichung] ~~erfolgt~~ in
> Zeile 9 erfolgt eine normalerweise nur auf
> Gegenstände bezogener Begriff der Zweckdienlich
> keit

80 *Schauen Sie sich den Klausurtext einmal genau an und versuchen Sie zu klären, welche Mittel der Verfasser zur Verbesserung seines Textes eingesetzt hat. Markieren Sie durch Unterstreichen weitere Stellen, die Ihrer Meinung nach verbesserungswürdig sind. Überlegen Sie dabei, um welche Arten von Fehlern es sich jeweils handelt, und verwenden Sie die üblichen Korrekturzeichen wie Gr, A, R, Z.*

Übersicht der Korrekturzeichen

Diese Auflistung kann Ihnen vielleicht bei der Orientierung im Korrekturzeichendschungel von Lehrern helfen. Da manche Lehrer Formulierungen wie „unklar“ oder „unanschaulich“ den Vorzug vor reinen Korrektur**zeichen** (D, Sa) geben, haben wir in der Übersicht beides erfasst. Wir beschränken uns auf die gängigsten Korrekturformen.

Fehlerart	Korrekturzeichen	Formulierungen, die die Fehlerart präzisieren
1. Fehler in der sachlichen Aussage		
sachlicher Fehler	Sa	unzutreffend, falsch zitiert, undifferenziert
Denkfehler	D	Gedankensprung, Widerspruch, falsche Folgerung
2. Fehler in der sprachlichen Darstellung		
a) im Bereich der Satzkonstruktion		
Grammatikfehler allgemein	Gr	
genauer differenzierte Grammatik-Fehler:		
Zeitfehler (Tempusfehler)	T	
Modusfehler	M	Indikativ falsch verwendet, Konjunktiv falsch verwendet
Beziehungsfehler	Bz	unklarer, falscher Bezug
Satzbaufehler	Sb	unvollständiger Satz, verschachtelter Satz
Stellungsfehler	St	
Streichung von Überflüssigem	[–]	

Einschub von Fehlendem	√‾	Verb fehlt
b) *im Bereich der Wortbedeutung*		
Ausdrucksfehler	A	unangemessener Ausdruck, Stilbruch
Wiederholungsfehler	Wdh	
c) *im Bereich der Verschriftlichung*		
Rechtschreibfehler	R	
Rechtschreibfehler als Flüchtigkeitsfehler	Fl oder R (Fl)	
Zeichensetzungsfehler	Z	
Fehlen eines Absatzes	┌──	

Vergleichen Sie nun Ihre Angaben zur Korrektur mit den Ausführungen im Lösungsheft auf S. 18!

Die beiden Beispiele charakterisieren die Schreibsituation in der Schule sehr treffend: Beispiel 1 zeigt, dass Schreibexperten längst die zentrale Bedeutung der Textüberarbeitung erkannt haben. Auch Wissenschaftler weisen auf die **Notwendigkeit der systematischen Beschäftigung mit der Textüberarbeitung oder der „Textrevision“** hin. Für die Schule ist das Thema „Textüberarbeitung“ jedoch noch weitgehend Neuland:
Dass es z. B. bestimmte Techniken der Textüberarbeitung für verschiedene Schreibphasen gibt, ist vielen Schülern, vielleicht auch Ihnen, völlig unbekannt.

Das vorliegende Klausurbeispiel macht deutlich:

Obwohl der Schüler seinen Text schon während des Schreibens überarbeitet hat (z. B. Zeile 4 „~~Durch die~~ Mit der …“) und vermutlich außerdem nach jedem Absatz den bis dahin geschriebenen Text noch einmal überlesen und Korrekturen vorgenommen hat (siehe Zeilen 2 bis 4), hat er mehrere Fehler einfach übersehen.
Die Ursachen dafür liegen auf der Hand: In der Schule wird leider meist wenig Zeit auf die Beschäftigung mit der Textverbesserung verwandt. Viele Schüler kennen Textverbesserung nur als Pflichtübung nach der Zurückgabe einer Klausur.
Wir wollen Ihnen deshalb in diesem Buch die Textüberarbeitung als wichtigen Bestandteil jeden Schreibens vorstellen. Sie werden sehen, dass erfolgreiche Textüberarbeitung gelernt sein will. Lernen Sie im Folgenden, fehlerfreie und damit bessere Texte zu produzieren!

4.1 Den eigenen Text bewerten

Kennen Sie folgende Situation?
Obwohl Sie die Zeichensetzung und Rechtschreibung inzwischen recht sicher beherrschen, haben Sie beim Überlesen Ihrer Klausur vor der Abgabe viele Fehler einfach übersehen. Für diese ärgerliche Angelegenheit haben Schreibforscher eine überzeugende Ursache herausgefunden. Das Lesen beim Korrigieren unterscheidet sich sehr stark vom normalen Lesen. Beim normalen Lesen bemühen wir uns, einen Text zu verstehen. Wir ergänzen „im Kopf" Informationen, die uns zu fehlen scheinen, wir vermuten, was gemeint sein könnte.

Das Korrigieren erfordert eine andere Lesehaltung:
„Wer revidiert, will nicht einen Text verstehen, sondern einen Textentwurf verbessern. (...) Um Mängel des Textentwurfs entdecken zu können, muss der Schreiber von dem Wissen absehen, über das er als Schreiber verfügt. Er muss sozusagen mit den Augen eines Lesers seinen Textentwurf lesen, der zunächst einmal nichts über die Absicht des Schreibenden, die Idee des Textes und seinen Verlauf weiß."[2]
Erst wenn man also in der Lage ist, den eigenen Text mit der nötigen Distanz – wie ein Fremder – zu lesen, kann man die sprachliche Richtigkeit oder die Verständlichkeit des eigenen Textes wirklich überprüfen.
Hinzukommen muss eine **wertende Haltung.** Ohne Übung ist eine solche Lesehaltung aber kaum zu erreichen.
Im Kapitel 2 haben Sie vielleicht schon erfahren, wie schwer es sein kann, Fehler in einem Text zu erkennen.

2 Baurmann, Jürgen/Ludwig, Otto: Texte überarbeiten. Zur Theorie und Praxis von Revisionen. In: Boueke, Dietrich/Hopster, Norbert (Hrsg.): Schreiben – Schreiben lernen, Tübingen 1985, S. 257

Mit den folgenden Übungen wollen wir Ihnen deshalb unterschiedliche **Techniken** anbieten, durch die Ihnen die **Distanzierung** von dem Text, der korrigiert werden soll, leichter fallen wird.

Die richtige Lesehaltung einnehmen

Bei der Lektüre eines spannenden Textes passiert es immer wieder: Der Reiz des Textes ist so groß, dass der Leser den Inhalt „verschlingt". Die Lesegeschwindigkeit ist dabei oft so hoch, dass man auf Textdetails kaum noch achtet. Man „überfliegt" die Sätze, um die Textaussage möglichst schnell aufzunehmen.
Bei der Diagnose von Fehlern in Texten ist eine andere Einstellung zum Text nötig. Erforderlich ist eine nüchterne und präzise Textbetrachtung, die jedes Textdetail mit Sorgfalt in den Blick nimmt. Damit Sie diesen **analytischen Blick** auf den Text erreichen können, empfehlen wir Ihnen: Nehmen Sie die Perspektive eines Redakteurs ein, der einen Text z. B. für den Zeitungsdruck in die endgültige, fehlerfreie Fassung bringen will!
Zwingen Sie sich zu einer **Distanz schaffenden Lesehaltung,** indem Sie z. B.

- den zu korrigierenden Text – soweit möglich – auf räumliche Distanz zu Ihren Augen bringen,
- sich den Text leise vorsprechen!

Machen Sie jetzt die Probe aufs Exempel!

81 *a) Lesen Sie den folgenden Auszug aus einer Klausur. Nehmen Sie eine Distanz schaffende Lesehaltung ein.*
b) Unterstreichen Sie beim Lesen Stellen im Text, die nach Ihrem Eindruck nicht regelgerecht sind.
c) Versuchen Sie, die Fehler genau zu identifizieren. Verwenden Sie dazu entsprechende Korrekturzeichen am Rand.

Textauszug aus einer Deutsch-Klausur:
Meiner Meinung nach, hat jedes Individuum einen eigenen Begriff von Kunst und Literatur so das auch durch sachliche Discussionen nur ein ungefäres Bild von Literatur entwickelt werden kann. Sicherlich sind Bildung und soziale verhältnisse Faktoren die für die Bewertung von Literatur als hohe Literatur oder Trivialliteratur entscheident sind.

TIPP

Üben Sie diese Lesehaltung mindestens einmal in der Woche. Nehmen Sie sich z. B. regelmäßig einen Ihrer Hausaufgabentexte vor. Diagnostizieren Sie die Fehler durch Unterstreichen und entsprechende Korrekturzeichen am Rand.

Eine typische Falle bei der Fehlerdiagnose – und wie man sie umgehen kann

82 *Korrigieren Sie den folgenden Text. Gehen Sie dabei wieder so vor, dass Sie die oben beschriebene Lesehaltung einnehmen, die Fehler im Text unterstreichen und am Rand die entsprechenden Korrekturzeichen zur Fehlerbewertung setzen.*

Text:

Tanja, eine 17jährige Schülerin, berichtet über ihre Erfahrungen, als sie sich in einen Mitschüler verliebte: Ich habe immer ziemlich lange gewartet bis ich auf einen Jungen zugegangen bin. Mit 16 war ich unsterblich in einen Jungen verliebt, der aber nur Augen für ein anderes Mädchen aus meiner Klasse hatten. Das war auf Partys besonders hart. Ich habe gedacht, es liege an mir, das er nichts von mir will. Deshalb habe ich still vor mich hin gelitten. Heute würde ich das Ganze gleich Eindeutiger machen und den Typ ansprechen. Wenn ich dann direckt eine Abfuhr erhalte geht der Schmerz schneller vorüber.

War der Text auch für Sie eine Falle?

Fiel es Ihnen sehr schwer, Fehler zu erkennen? Dann gehören Sie auch zu den vielen Lesern, die sich bei Texten mit Inhalten, die sie gefühlsmäßig ansprechen, mehr auf die Aussage als auf die formale Richtigkeit konzentrieren. Mit dieser Übung wollten wir Ihnen diese Reaktion bewusst machen.

83 *Korrigieren Sie den folgenden Text jetzt **mit dem Bewusstsein,** dass Sie von der inhaltlichen Aussage gefangen werden können.*

Machen Sie deshalb zwei Lesedurchgänge:

1. Durchgang:

Lesen Sie den Text zunächst ganz entspannt durch und nehmen Sie seinen Inhalt in Ruhe zur Kenntnis.

Text:

Nico, ein 18jähriger Schüler, schrieb folgenden Briefe zum Thema „Ausländerhaß an eine Gruppe von Skinheads:

Wenn wir Deutschen in ein anderes Land auswandern müssten und dort nur beschimpft und verfolgt würden was würdet Ihr Skins dazu sagen? Es ist erschütternd was Ihr Skins mit dem libanesischen Mädchen gemacht habt. Sie ist durch Brandtwunden stark entstellt nachdem einige von Euch einen Brandsatz ins Fenster des Asylantenheim geworfen haten. Womit hat sie denn Euren Hass verdiehnt? Wenn ich so etwas höre, schäme ich mich ein Deutscher zu sein!

2. Durchgang:

Nehmen Sie jetzt die Distanz schaffende Lesehaltung ein und konzentrieren Sie sich ganz auf die Fehlerdiagnose. Unterstreichen Sie die Fehler und verwenden Sie entsprechende Korrekturzeichen am Rand.

Tipp

Eigene Texte schreiben Sie in der Regel mit viel Engagement. Deshalb sind Sie wahrscheinlich auch sehr stark auf den Inhalt dieser Texte fixiert. Gönnen Sie sich deshalb – wenn zeitlich möglich – zwei Lesedurchgänge für das Erkennen der Fehler.

1. Gang: Sie achten nur auf inhaltliche Stimmigkeit des Textes.
2. Gang: Sie lenken Ihre Aufmerksamkeit ausschließlich auf die Überprüfung der formalen Richtigkeit des Textes.

Eine spezielle Hilfe zur Diagnose von Satzbauelementen
Im Grammatikunterricht haben Sie vielleicht schon einmal von dem Verfahren der **Umstellprobe** gehört. Durch die Umstellprobe kann man herausfinden, welche Satzglieder umstellbar sind, welche nicht.
Dass diese Probe eine praktische Bedeutung für die Verbesserung Ihrer Fehlerdiagnosefähigkeit haben kann, wollen wir Ihnen im Folgenden zeigen. Wir möchten Sie dazu ermuntern, diese Probe mit solchen Sätzen durchzuführen, bei denen Sie sich unsicher sind, ob die Reihenfolge der Satzglieder den grammatischen Normen entspricht.

84 *Unterstreichen Sie in den beiden folgenden Sätzen den Satzteil, der Ihrem Gefühl nach falsch platziert ist. Formulieren Sie dann auf einem Blatt Satzbaualternativen zu der vorliegenden Fassung. Stellen Sie dazu Satzglieder probehalber um und entscheiden Sie dann, welche Sätze Sie für die korrekten Sätze halten.*

Satz 1:
Das Mädchen machte eine unvorhergesehene Bewegung plötzlich.

Satz 2:
Ein Teil der Klasse saß in einem großen Bus, die auch zum Faschingsball wollte.

Diese Übung hat Ihnen hoffentlich gezeigt, dass Sie Ihr Sprachgefühl für richtige Satzkonstruktionen aktivieren können, wenn Sie zunächst verschiedene Satzbaumöglichkeiten notieren und dann durch den Vergleich die fehlerhafte Variante sicherer ermitteln können.

Tipp
Das Verfahren, durch Ausprobieren von Alternativen Sicherheit bei der Entscheidung „richtig oder falsch" zu gewinnen, können Sie auch auf andere Schreibfehler anwenden, z. B. bei Rechtschreibfehlern, bei falscher Kasuswahl oder wenn Sie überlegen, ob in einem Satz der Indikativ oder Konjunktiv stehen muss.

Die Konzentrationsfähigkeit schulen

85 *Streichen Sie in der folgenden Aneinanderreihung von Wörtern alle Wörter durch, die falsch geschrieben sind. Machen Sie nur* ***einen*** *Durchgang durch die Zeilen.*

Höhle, gross, Ratschlag, Löwe, ziehmlich, Geduld, Geitz, Vater, schattig, abentäuerlich, lustig, rundlich, kämpferich, Massnahme, Rüssel, blendent, grell, Welle, Kaffe, Lid, Entspiel, aufpassen, Flüsse, Füße, vergessen, Quark, Fraze, Gewürzgurken

Im Rahmen sogenannter Intelligenztests haben viele Menschen schon die Erfahrung gemacht, wie sehr Übung die Erfolgsquote bei Aufgaben erhöht, bei denen es auf die Konzentrationsfähigkeit ankommt. Auch bei der Aufgabenstellung, die Sie gerade bewältigt haben, hängt Ihre Trefferquote nicht nur von Ihren Rechtschreibkenntnissen ab, sondern auch von Ihrer Fähigkeit, das Schriftbild bei einmaligem Lesen präzise zu erfassen.

Tipp

Trainieren Sie Ihre Konzentrationsfähigkeit bei der Fehlerdiagnose! Als Übungsmaterial können Sie z. B. Seiten aus der Tageszeitung verwenden, in manchen Tageszeitungen ist es leider zur Regel geworden, dass auf jeder Seite Fehler in den Texten sind. Spüren Sie diese Fehler auf! Ihre Konzentration müssen Sie dabei über einen längeren Lesezeitraum aufrechterhalten.

Was heißt eigentlich „Fehler“? – Der Spielraum bei der Fehlereinschätzung

Bisher haben wir Ihnen den Eindruck vermittelt, dass Fehler immer eindeutig zu erkennen sind und damit kein Zweifel besteht, ob eine bestimmte Formulierung, eine bestimmte Satzkonstruktion o. Ä. fehlerhaft ist oder nicht. Diese Einschätzung ist sicherlich unumstritten, wenn es um klare Regelverletzungen geht: Für die Bereiche Rechtschreibung, Zeichensetzung und Grammatik gibt es Regeln und Normierungen, die in der Gesellschaft vereinbart und allgemein gültig sind.
Es gibt aber auch Textgestaltungen, die z. B. Lehrer als verbesserungswürdig ansehen, obwohl hier keine direkten Regelverletzungen vorliegen. Oft heißt es dann, dass der Text stilistische Mängel aufweist, nicht eingängig formuliert ist oder unklare Aussagen enthält.

86 *Welche Fehler erkennen Sie in diesem Klausurausschnitt?*

In diesem Zusammenhang sagt Brecht in der letzten Strophe, dass bei Hitler alles nur auf Täuschung beruht. „Hat bis auf Farbe nichts studiert.“ „Ganz Deutschland hat er angeschmiert.“ In Bezug auf Malen heißt das nur, dass er ein schlechter Maler war.

Sie sehen also, dass es ganz unterschiedliche Ebenen gibt, auf denen „Fehler“ möglich sind: Am Beispiel der **fehlenden Zitateinbindung** im Klausurtext wird deutlich, dass solche „Fehler“ den Text nicht unlesbar machen, dass der Text hier aber gegen die Zitierregel verstößt, dass Zitate in den Text eingebunden werden sollen. Wenn Sie diese Zitierregel kennen, werden Sie hier den Fehler erkennen!
Die Textaussage „In Bezug auf Malen heißt das“ wird ein Deutschlehrer wahrscheinlich als stilistischen Fehler bewerten oder er wird die Aussage als **unklar** bezeichnen: Dem Schüler soll signalisiert werden, dass diese Textpassage eindeutiger formuliert werden könnte. Ob Sie diese Passage als fehlerhaft bezeichnet haben, hängt sicherlich auch davon ab, inwieweit Ihr eigener Schreibstil solche Formulierungen zulassen würde oder nicht. Hier bewegen wir uns in einem „Fehlerbereich“, in dem z. B. die Toleranz des einen Lehrers größer ist als die eines anderen: Ob es sich um die Wahl eines treffenderen Wortes, um die Vermeidung von Wiederholungen oder um die Veränderung von Satzverbindungen handelt, in diesem Bereich treten immer wieder unterschiedliche Einschätzungen bezüglich der Frage auf, was fehlerhaft ist und was tragbar erscheint.

4.2 Alternativen finden

Mit den vorangegangenen Übungen zur Fehlererkennung haben Sie den ersten Schritt zur erfolgreichen Textüberarbeitung getan. Jetzt geht es darum, wann und in welcher Form Sie die Fehler verbessern, die bei jeder Textproduktion – auch von Schreibprofis – vorkommen.

Die folgende **praktische Anleitung zur Textüberarbeitung** zeigt Ihnen Schritte auf, die Sie auf alle Schreibaktivitäten anwenden können, an deren Ende ein möglichst fehlerfreier Text stehen soll. Die Hinweise beziehen sich primär auf handgeschriebene Textentwürfe: Allerdings sind viele Tipps auch für Textentwürfe per Computer brauchbar.

Regeln der Textüberarbeitung

1. Regel:
Denken Sie bereits bei Ihrem ersten Textentwurf an eine mögliche Textüberarbeitung!

- Wählen Sie deshalb einen ausreichenden Zeilenabstand, damit Sie z. B. ohne Schwierigkeiten Wörter zusätzlich in den Text einbauen können!
- Schreiben Sie die Seiten nicht ganz voll! Lassen Sie vielmehr im unteren Blattteil genügend Platz, um umfangreichere Ergänzungen vornehmen zu können.

2. Regel:
Beginnen Sie schon während des Schreibens mit der Textüberarbeitung!

- Kontrollieren Sie nach jedem Satz, den Sie aufs Papier gebracht haben, ob Rechtschreibung, Zeichensetzung und Grammatik stimmen. Damit erleichtern Sie sich die Überarbeitung des gesamten Textes am Ende, da Sie schon viele Fehler beseitigt haben!
- Geht es um die inhaltliche Schlüssigkeit eines Gedankengangs, so hat es sich als sinnvoll erwiesen, nach jedem größeren Textabschnitt den geschriebenen Text auf inhaltliche Stimmigkeit (Lücken in der Argumentation, Gedankensprünge etc.) zu überprüfen. Haben Sie für Ihre Klausur Gliederungspunkte entworfen, können Sie nach jeder Bearbeitung eines Gliederungspunktes eine kurze Überprüfung dieses Textabschnittes vornehmen!

3. Regel:
Üben Sie verschiedene Techniken der Textverbesserung ein!

- Verbessern Sie so, dass die Korrektur für einen fremden Leser eindeutig erkennbar ist!
  Beispiel: **Fluß**s : falsch, da nicht eindeutig
  Flu~~ß~~ss : richtig
- Ergänzen Sie kurze Textteile so, dass klar erkennbar wird, wo sie eingefügt sind!
  Beispiel:
  von Gerhart Hauptmann
  Das Drama wurde sehr oft aufgeführt. falsch
  von Gerhart Hauptmann
  Das Drama wurde sehr oft aufgeführt. richtig

Benutzen Sie also entsprechende Hinweiszeichen:

- **Wollen Sie einen ganzen Satz oder mehrere Sätze neu einfügen,** nutzen Sie den freien Raum auf der Seite. Schreiben Sie jeweils direkt vor den zusätzlichen Satz ein eindeutiges Symbol (z. B. x1; weitere eingefügte Sätze werden mit x2, x3 etc. gekennzeichnet)! Dieses Symbol fügen Sie auch im laufenden Text an der richtigen Stelle ein!

  Beispiel: Auszug aus einem fortlaufenden Text:
  Dies nimmt Diederich zum Anlass, um Göppels zu verhöhnen.
  Göppels reagiert darauf so: ...

  Der Schreiber möchte in diesen Text noch einen Beleg für Diederichs Verhöhnung von Göppels einbauen. Dies geschieht so:
  Dies nimmt Diederich zum Anlass, um Göppels zu verhöhnen. x1
  Göppels reagiert darauf so: ...

Am unteren Blattrand erfolgt folgende Ergänzung:
x1: So fragt Diederich z. B.: „Sehen Sie, dass Sie schwindeln?" (Z. 14)

- **Erweist es sich als sinnvoll, die Reihenfolge der Wörter in einem Satz zu verändern,** nummerieren Sie die Wörter entsprechend der veränderten Reihenfolge!

  Beispiel: Ursprünglicher Satz:
  Ihm wird selbst bange, als er im Spiegel an seinem Körper dieses neue Symbol der Macht sieht.
  Veränderung
  2 3 1 4
  Ihm wird selbst bange, als er im Spiegel an seinem Körper dieses neue Symbol der Macht sieht.

87 *Damit Sie Sicherheit in der Anwendung der oben angegebenen Regeln für die Textüberarbeitung bekommen, überarbeiten Sie bitte folgende Textauszüge.*

Textbeispiel 1:

Marcel Reich-Ranicki gibt eine leichte Krise der Literaturkritik zu, distanziert sich aber der Annahme der Meinung der Allgemeinheit das es sich um einen „Tiefstand" bzw. „Misere" der gesamten deutschen Literaturkritik handelt.

Textbeispiel 2:

Im folgenden legt Reich-Ranicki dar, wie die Literatturkritik zustande kommt. Er legt dar, das der Kritiker seine Beurteilungsmaßstabe aufgeben soll und die Kritik direkt aus dem zu bewertenden Text ableiten soll. Dies schaffe der Kritiker jedoch, nur, wenn er „seine Gefühle und Gedanken, Regungen und Hemmungen genauestens zu kontrollieren" (Z. 97 f.).

Hinweis:
Zwischen den 2. und 3. Satz will der Schreiber noch ein Zitat als Beleg für die Aussage des 2. Satzes einbauen: Das Zitat stammt von Reich-Ranicki und lautet:
„Die Kritik geht aus der unmittelbaren Konfrontation eines Individuums mit einem lebendigen Kunstwerk hervor." Es findet sich im Text in den Zeilen 81 bis 83.
Berücksichtigen Sie das Zitat bei Ihrer Textüberarbeitung!

Textbeispiel 3:

Das Thema dieser Arbeit ist der Vergleich zweier Gedichte. Das erste Gedicht „Abseits" schrieb Theodor Storm im Jahre 1863. Das zweite Gedicht ist von Sarah Kirsch und heißt „Im Sommer". „Abseits" besteht aus vier sechszeiligen Strophen. In der ersten Strophe beschrieb Storm die natur am Beispiel der Heide.

Hinweis:
Berücksichtigen Sie bei Ihrer Textüberarbeitung auch folgende Veränderung: Im 2. Satz will der Schreiber vor dem Wort „Abseits" die Wörter „mit der Überschrift" ergänzen!

4.3 Textüberarbeitung in Klausuren

In einer Fachzeitschrift für Deutschlehrer hat Wilfried Kochheim eine typische schulische Schreibsituation für Mittelstufenschüler so charakterisiert:
„Sie schreiben von der ersten Zeile an in Reinschrift, obwohl sie allenfalls erst eine ungefähre Ahnung von dem gewonnen haben, was sie schreiben werden; obwohl doch gerade das Schreiben zu intensiver Reflexion zwingt und damit oft genug zu Überlegungen, die sich alsbald – wen, der selber schreibt, wundert das! – in Widerspruch zu ersten Zeilen setzen. Bemerkt's ein Schüler nicht, dann bekommt er mit dem Randkommentar ‚Widerspruch zum Anfang' einen überall schwer gewichteten Tadel. Bemerkt er's und spricht er's schreibend selber aus, dann heißt's: ‚Erst überlegen, dann schreiben!' Was er auch macht: Schon die erste Zeile, die er schreibt, wird gewogen und gewichtet, und noch die letzte Zeile seines Schreibens wird gegen sie aufgerechnet, das Aufsatzschreiben an den Schulen kennt keinen Schreibsachverstand und also keinen Schonraum und kein Pardon. Man darf sich nicht ungestraft erst einmal vortasten und notfalls auch verheddern; Kladde, Ausprobieren, Verwerfen, Umstellen, Ganzandersanfangen, Garnichtanfangenkönnen, plötzlich etwas ganz anders sehen lernen, erst einmal nachdenken, bevor man schreibt, bevor man wissen kann, ob man überhaupt etwas schreiben kann: All das ist dem Schüler verwehrt. Er kann nicht meditieren, grübeln, erst einmal versuchsweise etwas durchspielen; er kann nicht immer und immer wieder sein Schreiben unterbrechen, sein Geschriebenes drei-, vier-, fünfmal durchlesen (...). Zu all dem, das heißt aber, zu billigsten normalen Bedingungen bedeutsamen Schreibens fehlt ihm die Zeit." [3]

3 Wilfried Kochheim: Zur Veränderung des Schulaufsatzes. In: Diskussion Deutsch 37, 1977, S. 464 f.

Diese düstere Charakterisierung einer schulischen Schreibsituation kommt Klausursituationen nach wie vor sehr nahe. Natürlich steht Ihnen in der Oberstufe mehr Zeit für die Bearbeitung einer Klausuraufgabe zur Verfügung. Bedenkt man aber, dass die Anforderungen an Umfang und Qualität des Schreibprodukts im Laufe der Schulzeit kontinuierlich wachsen, gibt es für Oberstufenschüler viele Parallelen zur oben beschriebenen Schreibsituation:

- **wenig Zeit zur Schreibplanung**
- **ständiger Zeitdruck**
- **der Zwang, sehr früh mit der Reinschrift zu beginnen,**
- **keine Chance zur Textüberarbeitung, z. B. einen Tag später.**

Sicherlich fragen Sie sich jetzt, warum man die organisatorischen Rahmenbedingungen des Schreibens in der Schule nicht ändert, um vernünftiges Schreiben zu ermöglichen. Man kann tatsächlich nur hoffen, dass im Schulbereich eine Diskussion über eine Veränderung der Schreibpraxis im Sinne der Erkenntnisse moderner Schreibforschung einsetzt. Dies ist eine langfristige Perspektive. Als unmittelbare Hilfe haben wir für Sie einen Kontrollbogen für Klausuren entwickelt, damit Sie gerade in der oft hektischen und nervenaufreibenden Klausursituation den **Überblick über Ihr Schreiben** nicht verlieren. In diesem Kontrollbogen sind die Gesichtspunkte einer Textüberarbeitung zusammengestellt, die Sie in Klausursituationen eine halbe Stunde bzw. eine Viertelstunde vor Abgabe der Klausur beachten sollten!

Tipp

Klären Sie mit Ihrer Deutschlehrerin/Ihrem Deutschlehrer, ob Sie diesen Kontrollbogen in der Klausur benutzen können! Gestattet er/sie dies nicht, prägen Sie sich kurz vor jeder Klausur noch einmal die entscheidenden Punkte dieses Kontrollbogens ein!

Kontrollbogen für Klausuren

Möglichkeit 1:

Sie haben nur noch wenig Zeit für die abschließende Überarbeitung der Klausur (z. B. 10 Minuten vor Abgabe).

Korrigieren Sie durch einmaliges langsames Lesen folgende leicht zu entdeckende Fehler!

1. Unleserliche Wörter?
   Wörter durchstreichen und leserlich neu schreiben!
2. Flüchtigkeitsfehler?
   - Wörter zweimal geschrieben?
   - Wortendungen nicht ausgeschrieben?
   - Satzzeichen vergessen, z. B. den Punkt am Ende eines Absatzes?
   - Wörter nicht getrennt geschrieben? Trennungszeichen setzen!
3. Typische Rechtschreibfehler?
   - dass oder das?
   - Groß- oder Kleinschreibung?
   - Zusammen- oder Getrenntschreibung?

Nutzen Sie in Zweifelsfällen den Rechtschreibduden, falls Ihre Lehrerin/Ihr Lehrer ihn zur Verfügung stellt.

4. Zeichensetzungsfehler?
   - Komma bei entgegensetzenden Konjunktionen gesetzt?
   - neue Zeichensetzungsregeln entsprechend der Rechtschreibreform beachtet?
   - Kommas zur Abtrennung eines eingeschobenen Nebensatzes gesetzt?
5. Zitierregeln beachtet?
   - Ist das Zitat als Zitat gekennzeichnet? („“)
   - Ist die Fundstelle angegeben? (Seitenangabe, Zeilenangabe)
   - Haben Sie Kürzungen im Zitat mit Auslassungszeichen […] gekennzeichnet?

Möglichkeit 2:
Sie haben noch ungefähr 20 bis 30 Minuten Zeit für die Textüberarbeitung.
Lesen Sie Ihren Textentwurf zweimal durch!
1. Lesedurchgang (10–15 Minuten):
Korrigieren Sie Ihre Klausur hinsichtlich der bei Möglichkeit 1 genannten Gesichtspunkte!
2. Lesedurchgang (15–20 Minuten):
Beim zweiten Lesen können Sie auf folgende Feinheiten achten:

- Satzbaukontrolle
  Gibt es unvollständige, abgebrochene Sätze?
- Stilfragen
  Haben Sie Wiederholungen im Ausdrucksbereich vermieden?
- Inhaltliche Stimmigkeit
  - Fügen Sie, wenn nötig, einen erklärenden Satz in Ihren Text ein, um die Aussage eindeutiger zu machen!
  - Streichen Sie überflüssige Bemerkungen oder Ausführungen, die nicht zum Thema gehören!

  Beachten Sie, dass Korrekturen Auswirkungen auf andere Textstellen haben können!

Zum Glück gibt es nicht nur Schreibsituationen, in denen Sie unter enormem Zeitdruck Texte produzieren und überarbeiten müssen. In der Schule und in vielen außerschulischen Lernzusammenhängen gibt es zahlreiche Schreibanlässe, bei denen Sie in Ruhe Ihre Texte planen und überarbeiten können. Wir möchten Sie im Folgenden auf einige Bereiche hinweisen und Ihnen dabei jeweils spezielle Anregungen zur Textarbeit geben.

Hausaufgaben

Der Arbeitsbereich „Hausaufgaben“ ist ein nahezu ideales Übungsfeld für die Textüberarbeitung. Sehen Sie die manchmal vielleicht ungeliebten Hausaufgaben auch als exzellente Möglichkeit, Profi in der Textüberarbeitung zu werden! Folgendes können Sie bei Erledigung Ihrer Hausaufgaben besonders gut lernen:
Da auch Sie sicherlich für das Fach Deutsch oder auch andere Fächer ziemlich regelmäßig im Rahmen der Hausaufgaben Texte produzieren, können Sie hier **kontinuier-**

lich Ihre Textüberarbeitungstechniken verbessern, bis Sie sie sozusagen „im Schlaf" beherrschen.
Ohne Zeit- und Notendruck lernen viele Schüler leichter. Bei den Hausaufgaben können Sie sich **genügend Zeit** lassen, Fehler zu erkennen und zu verbessern.
Ihre Fähigkeit, Texte mit Distanz zu lesen, können Sie an Hausaufgabentexten bestens trainieren:
In einer 1. Phase ist es sinnvoll, einen großen Zeitabstand (mehrere Stunden oder einen ganzen Tag) zwischen die Textproduktion und die Textüberarbeitung zu legen. Wie Sie bereits erfahren haben, fördert die zeitliche Distanz auch Ihre innere Distanz zum Text und damit Ihre Fehlerdiagnose-Fähigkeiten.
In einer 2. Phase sollten Sie den Zeitabstand verkürzen, um für den „Ernstfall" Klausur fit zu werden.

Referate

Ob Sie Ihr Referat in der Schule, in einer Arbeitsgemeinschaft an der Volkshochschule oder z. B. in einem Verein halten wollen, Sie als Verfasser werden sehr viel Wert auf einen fehlerfreien Referattext legen, wenn Sie bedenken,
- dass das Referat oft viele Zuhörer findet, Ihr Text also einer vielleicht auch kritisch eingestellten Öffentlichkeit standhalten soll,
- dass das Referat den Zuhörern im Nachhinein oft in schriftlicher Form zur Verfügung gestellt wird,
- dass die Erwartungen an die Qualität eines Referats oft hochgesteckt sind, weil man doch weiß, dass ein Referat meist sorgfältig geplant und ausgearbeitet werden kann.

Mit Ihren Kenntnissen zur Textüberarbeitung (und nebenbei bemerkt auch zur Schreibplanung; siehe Kap. 3) können Sie beruhigt ans Werk gehen. Da Ihnen üblicherweise ein Zeitraum von mehreren Wochen zur Referaterstellung zur Verfügung steht, können Sie Ihre Textüberarbeitungsfähigkeiten in den verschiedenen Schreibphasen systematisch anwenden.

Spezielle Tipps fürs Schreiben von Referaten
- Beachten Sie insbesondere die Regeln 1 und 2 der Textüberarbeitung (siehe S. 100)!
- Bewahren Sie alle Textentwürfe auf – vom ersten Rohentwurf bis zum fertigen Text! Es ist bestimmt spannend für Sie zu sehen, wie der Referattext langsam entsteht und von Ihnen optimiert wird.
- Bevor Sie Ihr Referat aus der Hand geben, kontrollieren Sie anhand des „Kontrollbogens für Klausuren" (siehe S. 104) noch einmal abschließend Ihren Text!

4.4 Textüberarbeitung in Facharbeiten

Facharbeiten sollen Schülerinnen und Schüler auf das wissenschaftliche Arbeiten an Hochschulen vorbereiten. Sie stellen daher an die Verfasserinnen und Verfasser besondere Anforderungen. Diese umfangreichen Arbeiten werden in der Regel in einer Zeitspanne von mehreren Wochen zu Hause am Computer geschrieben. Die korrigierenden Lehrkräfte können also davon ausgehen, dass genügend Zeit für die Textgestaltung und für eine gründliche Textrevision zur Verfügung stand und dass alle vorhandenen Hilfsmittel genutzt wurden, um den Text inhaltlich und sprachlich in einen angemessenen Zustand zu bringen. Zu Hause sind sehr viel mehr Hilfsmittel verfügbar als während einer Klausur, in der meist nur Wörterbücher zugelassen sind.

Tipps für das Überarbeiten von Facharbeiten

- Richten Sie Ihren Zeitplan so ein, dass Sie für eine gründliche Überarbeitung Ihrer Facharbeit etwa eine Woche zur Verfügung haben! Alle vorgelagerten Arbeitsphasen (Planung, Materialsammlung/Recherchen, Gliederung, Abfassen des Textes etc.) müssen entsprechend früh angesetzt werden. Bringen Sie sich am Ende nicht unter Zeitdruck, denn bei einer Facharbeit ist eine möglichst perfekte Gestaltung des Endprodukts wichtig, und das benötigt Zeit!
- Kontrollieren Sie Ihre Facharbeit, indem Sie vom Großen zum Kleinen voranschreiten. Prüfen Sie in dieser Reihenfolge:
  - Grobgliederung der Arbeit (Sind alle geplanten Schwerpunkte tatsächlich umgesetzt? Ist die Reihenfolge der Kapitel stimmig oder müssen Kapitel umgestellt werden? Müssen dann auch Überleitungen angepasst werden?),
  - Gewichtung der einzelnen Kapitel (Haben zentrale Kapitel eine angemessene Länge? Sind andere Kapitel vielleicht zu umfangreich geraten? Könnten Teile der Arbeit in den Anhang verlagert werden?),
  - gedankliche Zusammenhänge zwischen den Abschnitten,
  - einzelne Formulierungen und sprachliche Richtigkeit,
  - typografische Gestaltung und Erscheinungsbild der Arbeit.

Kontrollbogen für Facharbeiten

Vollständigkeit und Aufbau der Arbeit

- Wurden die mit dem betreuenden Lehrer/der betreuenden Lehrerin abgesprochenen zentralen Fragestellungen der Arbeit in angemessener Intensität bearbeitet?
- Wurde ein Inhaltsverzeichnis mit Seitenangaben zu den einzelnen Kapiteln und Unterpunkten erstellt?
- Wurden Materialien, die der Arbeit zugrunde liegen, sinnvoll auf den Hauptteil und den Anhang verteilt (z. B. wichtige Auszüge aus Dokumenten, Interviews, wichtige Tabellen und ausgewählte, besonders informative Bildmaterialien im Hauptteil und vollständige Dokumente, Interviews etc. dann im Anhang)?
- Wurden die zentralen Befunde der Facharbeit im Schlussteil angemessen resümiert (wertend und gewichtend zusammengefasst)?
- Umfasst die Arbeit ein Quellen-/Literaturverzeichnis, das nach den von der Schule vorgegebenen Regeln angelegt wurde? Sind darin alle im Text erwähnten Titel von Buch-, Zeitschriften- und Internet-Publikationen erfasst und alphabetisch sortiert?
- Sind flüchtige Internetquellen, auf die sich die Arbeit bezieht, im Anhang oder auf einem zusätzlichen Datenträger im vollständigen Wortlaut dokumentiert (falls die Schule ein solches Vorgehen vorsieht)?

- Ist eine Selbstständigkeitserklärung beigefügt, in der bestätigt wird, dass man die Arbeit selbstständig verfasst hat?
- Wurde auch ein Arbeitsprozessbericht zu der Facharbeit erstellt, sofern dieser von der Schule verlangt wird?

Inhaltliche Gestaltung und sprachliche Form

- Enthält die Arbeit eine interessante Einleitung (z. B. ein aufschlussreiches Zitat; die Schilderung eines aktuellen Anlasses; eine Reihe von Fragen, die in das Thema der Arbeit einführen)?
- Sind alle Ausführungen inhaltlich stimmig und logisch schlüssig miteinander verbunden? (Wurde z. B. kontrolliert, dass es durch nachträgliche Einfügungen oder Umstellungen von Textteilen nicht zu Brüchen im Textzusammenhang gekommen ist? Vgl. auch die Fragen zur inhaltlichen Stimmigkeit auf S. 105.)
- Haben Sie durchgängig standardsprachliche Formulierungen gewählt und Umgangssprache bzw. Stilbrüche vermieden? (Haben Sie bei Unsicherheiten z. B. verschiedene Optionen in einem Stil- oder Synonymwörterbuch überprüft?)
- Haben Sie den Ausdruck variiert und Wortwiederholungen und ungenaue Wortwahl z. B. mithilfe des „Thesaurus" in Ihrem Computer vermieden?
- Haben Sie darauf geachtet, dass Sie Fremdwörter – und besonders Fachbegriffe, die für die Arbeit wichtig sind – sachgerecht verwendet haben? Haben Sie bei Bedarf Definitionen nachgeschlagen?
- Haben Sie den Satzbau leserfreundlich gestaltet und unübersichtliche Sätze bzw. Nominalstil (häufige Aneinanderreihung von Nomen mit Hilfe von Präpositionen) vermieden?

Anforderungen an die formale Gestaltung

- Entspricht das Titelblatt den formalen Vorgaben? (Die meisten Schulen verteilen einen Leitfaden mit solchen formalen Vorgaben.)
- Sind Schriftart, Schriftgröße, Zeilenabstand und Seitenformatierung den Vorgaben entsprechend?
- Enthält die Arbeit die vorgesehene Seitenzählung und -nummerierung? (In der Regel werden Titelblatt und Inhaltsverzeichnis mitgezählt, aber nicht nummeriert.)
- Wurden die Seitenangaben im Inhaltsverzeichnis (z. B. mithilfe von Tabulatoren) bündig gesetzt?
- Enthalten die (Teil-)Kapitel die im Inhaltsverzeichnis aufgeführten (Zwischen-)Überschriften?
- Wurden längere Zitate (z.B. ab drei Zeilen) im Fließtext abgesetzt (z. B. durch Leerzeile, Einrückung oder andere Schriftgröße)?
- Sind alle Zitate mit Quellenangaben im laufenden Text (oder in Fußnoten) sachgerecht belegt und wurden dabei die Vorgaben der Schule beachtet?
- Haben Sie typische Flüchtigkeits- und Rechtschreibfehler (vgl. S. 104) vermieden und dazu die Korrekturprogramme Ihres Computers genutzt?
- Haben Sie eine korrekte Zeichensetzung (vgl. S. 105) gewählt?

Kreatives Schreiben

„Manchen Schreiber hat erst das kreative Schreiben von der Notwendigkeit der Textüberarbeitung wirklich überzeugt." – Diese Einschätzung von Schreibprofis beschreibt den ersten wichtigen Aspekt, wenn es um kreatives Schreiben **und** Textüberarbeitung geht: Ist es für einige Schüler nicht gerade überzeugend, in einer Klausur – überspitzt formuliert – für den Lehrer Textüberarbeitung zu betreiben, so ist dies beim kreativen Schreiben oft anders. Schreibt man Gedichte, Erzählungen oder Märchen, entsteht fast automatisch das Bedürfnis, diese Texte fehlerfrei zu machen: Die geplante **Veröffentlichung** in der Klasse, in der Schülerzeitung o. Ä. lässt den Wunsch nach Fehlerbeseitigung ganz selbstverständlich erscheinen.
Ein zweiter Aspekt ist ebenso offensichtlich: Da Erfahrungen mit kreativem Schreiben oft in einer Schreibgruppe gemeinsam gemacht werden, haben Sie hier die Gelegenheit, gerade im inhaltlich-stilistischen Bereich Ihre Schreibfähigkeiten und damit auch Ihre Korrekturfähigkeiten zu verbessern. In Schreibgruppen ist es nämlich üblich, die produzierten Texte vorzulesen. Dann reagieren die Zuhörer auf den Text, sagen, was ihnen besonders gefällt, weisen aber auch auf Verständnisprobleme, „schiefe" Formulierungen o. Ä. hin. Der Autor nimmt meist gern die Gelegenheit wahr, seinen Text auf der Basis dieser Anregungen zu überarbeiten.

5. Wie erlange ich Schreibroutine? – Spaß am Schreiben bekommen

In diesem Arbeitsbuch haben wir schon öfter darauf hingewiesen, dass Sie Ihre Schreibfähigkeiten alleine durch die Tatsache, dass Sie häufig schreiben, verbessern können. Am Schluss wollen wir Sie deshalb noch einmal gezielt zum regelmäßigen Schreiben ermuntern. Dabei ist Ihre Einstellung zum Schreiben von entscheidender Bedeutung: Schreiben kann auch Ihnen – so hoffen wir – viel Spaß bereiten und muss eben nicht nur notwendiges Übel sein. Gerade in jüngster Zeit entwickeln viele Leute Lust am Schreiben, wenn sie z. B. in Schreibgruppen Texte über ihr Leben oder ihre Sicht der politischen Verhältnisse verfassen. Beim Schreiben machen sie die Erfahrung, dass man sich schreibend sehr intensiv mit eigenen Problemen und Ängsten beschäftigen kann und dass die Veröffentlichung dieser Texte im Rahmen einer Schreibgruppe gute Gespräche unter den Teilnehmern initiieren kann.
Deshalb möchten wir Ihnen abschließend einige Anregungen für Schreibsituationen geben, die Ihnen Spaß bringen können und Ihre Schreib- und Ausdrucksmöglichkeiten durch zunehmende Schreibroutine verbessern helfen.

1. Schaffen Sie sich in Ihrem Privatbereich **Freiräume für das Schreiben:** Nehmen Sie sich die notwendige Zeit für das Schreiben!

Zum Beispiel: **Tagebuch schreiben**
Nach einer umfangreichen Studie zur Schreibpraxis Jugendlicher und Erwachsener aus dem Jahre 1985 schreiben 27 Prozent der 15- bis 24-Jährigen und 6 Prozent der Erwachsenen Tagebuch. Diese Zahlen können vielleicht auch Sie ermutigen, Ihre Erlebnisse, Empfindungen und Gedanken im Tagebuch aufzuschreiben und zu verarbeiten. Beim Tagebuchschreiben können Sie die Schreibform frei wählen und nach Ihrer Einschätzung jederzeit ändern: Reicht es Ihnen an einem Tag z. B. aus, einfach ein paar Stichworte zu notieren, kann es Ihnen am nächsten Tag passend erscheinen, sehr ausführlich die Erlebnisse des Tages aufzuschreiben. Diese „Freiheit“ beim Schreiben sollten Sie wirklich genießen und ausnutzen! Im Sinne des Ziels, Schreibroutine zu bekommen, ist nur wichtig, dass Sie Ihr Tagebuch regelmäßig führen!

2. Nehmen Sie an einer **Schreibgruppe** teil oder gründen Sie selbst eine Schreibgruppe!

Wie bereits oben erwähnt, gibt es in vielen Städten Schreibgruppen oder Schreibseminare, die von Volkshochschulen, Literaturbüros oder ähnlichen Einrichtungen angeboten werden. In solche Gruppen kommen zum einen Leute, die schon jahrelang nur für sich Gedichte oder Erzählungen geschrieben haben und jetzt mit anderen ihre Schreiberfahrungen austauschen wollen; zum anderen finden sich Leute ein, die endlich einmal nicht Analysen, Erörterungen oder beruflich bedingte Textformen produzieren wollen, sondern sich und ihre Umgebung zum Schreibthema machen wollen und so schreiben wollen, wie es ihnen Spaß macht. Da häufig schreiberfahrene Personen diese Schreibgruppen leiten, können Sie hier als Teilnehmer in entspannter Atmosphäre vieles über Schreibtechniken erfahren, neue Schreibverfahren ausprobieren und einüben.
Gibt es in Ihrer Stadt keine Schreibgruppe, sollten Sie überlegen, ob Sie nicht mit Freunden und Bekannten eine Schreibgruppe ins Leben rufen können. Das kann z. B. so ablaufen: Sie informieren sich anhand von Büchern über Formen und Möglichkeiten kreativen Schreibens: Unter den Stichwörtern „Schreiben“ und „Kreatives Schreiben“ werden Sie in jeder Buchhandlung genügend Material zu diesem Thema bestellen können. Bei Ihrer ersten Schreibgruppensitzung klären Sie dann gemeinsam die Wünsche und Vorstellungen der Teilnehmer ab und einigen sich über die Gestaltung der weiteren Treffen. Sie können z.B. während der Treffen schreiben und anschließend Ihre Texte vorlesen und besprechen; es ist aber auch möglich, zu einem Treffen bereits selbst verfasste Texte mitzubringen.
Wichtig ist, dass Sie über Ihre Schreibprodukte sprechen! Nur so können Sie z.B. erfahren, ob die anderen Teilnehmer Ihre Texte verstehen. Es ist immer wieder erstaunlich, wie schnell die Teilnehmer einer Schreibgruppe Schreibroutine bekommen! Übrigens geht man davon aus, dass die Schreiberfahrung im Bereich des kreativen Schreibens positive Auswirkungen auf die Schreibfähigkeit bei schulischen Schreibformen hat!

3. Legen Sie eine **Schreibmappe** an!

Im Bereich der bildenden Kunst ist es selbstverständlich, dass Künstler ihre Werke nach der Fertigstellung sammeln. Wenn Sie Spaß daran gefunden haben, z. B. Erzählungen zu schreiben, sollten Sie eine Schreibmappe anlegen. In diese Schreibmappe legen Sie die Texte hinein, an denen Sie nicht mehr weiterarbeiten, die Sie überarbeitet und in ihre Endform gebracht haben. Fertigen Sie für die Schreibmappe jeweils eine Reinschrift des Textes an!
Durch eine solche Schreibmappe können Sie immer wieder im Überblick die Entwicklung Ihrer „Schreibkünste“ verfolgen und hoffentlich später mit Stolz auf Ihre Schreibentwicklung blicken!

Quellenangaben

Rainer Brambach: Känsterle, aus: ders., Heiterkeit im Garten. ©1989 by Diogenes Verlag AG Zürich

Heinrich Heine: Auf den Wällen Salamankas, aus: Heines Werke in fünf Bänden. Erster Band: Gedichte, Aufbau Verlag, Berlin und Weimar 1972, S.78

Ulla Hahn: Ab Gesang, aus: dies., Herz über Kopf, ©1981 Deutsche Verlags-Anstalt, München, in der Verlagsgruppe Random House GmbH